时代印记

王志艳◎编著

托尔斯泰

延边大学出版社

图书在版编目（CIP）数据

寻找托尔斯泰 / 王志艳编著 . —延吉 : 延边大学
出版社，2013.8(2020.7 重印)

ISBN 978-7-5634-5920-9

Ⅰ . ①寻… Ⅱ . ①王… Ⅲ . ①托尔斯泰，L.N.（
1828 ~ 1910）—传记—青年读物②托尔斯泰，
L.N.（1828 ~ 1910）—传记—少年读物 Ⅳ .
① K835.125.6-49

中国版本图书馆 CIP 数据核字 (2013) 第 210672 号

寻找托尔斯泰

编著：王志艳
责任编辑：孙淑芹
封面设计：映像视觉
出版发行：延边大学出版社
社址：吉林省延吉市公园路 977 号 邮编：133002
电话：0433-2732435 传真：0433-2732434
网址：http://www.ydcbs.com
印刷：唐山新苑印务有限公司
开本：690×960 1/16
印张：11 印张
字数：100 千字
版次：2013 年 8 月第 1 版
印次：2020 年 7 月第 3 次印刷
书号：ISBN 978-7-5634-5920-9
定价：29.80 元

前言

历史发展的每一个时代，都会有对后世产生巨大影响的人物，都会有推动我们前进的力量。这些曾经创造历史、影响时代的英雄，或以其深邃的思想推动了世界文明的进步，或以其叱咤风云的政治生涯影响了历史的进程，或以其在自然科学领域中的巨大成就为人类造福……

总之，他们在每个时代都留下了深深的印记，烙上了特定的记号。因为他们，历史的车轮才会不断前进；因为他们，每个时代的内容才会更加精彩。他们，已经成为历史长河的风向标，成为一个时代的闪光点，引领着我们后人走向更加深邃的精神世界和更加精彩的物质世界。

今天，当我们站在一个新的纪元回眸过去的时候，我们不能不提起他们的名字，因为是他们改变了我们的世界，改变了人类历史的发展格局。了解他们的生平、经历、思想、智慧，以及他们的人格魅力，也必然会对我们的人生产生深刻的影响。

为了能了解并铭记这些为人类历史发展做出过巨大贡献的人物，经过长时间的遴选，我们精选出一些最具影响力、最能代表时代发展与进步的人物，编成这套《时代印记》系列丛书，其宗旨是：期望通过这套青少年乐于、易于接受的传记形式的丛书，对青少年读者的成长产生潜移默化的影响，使他们能够从中吸取到有益的精神元素，立志奋进，为祖国、为人类作出自己的贡献。

前言

　　本套丛书写作角度新颖，它不是简单地堆砌有关名人的材料，而是精选了他们一生当中最富有代表性的事迹与思想贡献，以点带面，折射出他们充满传奇的人生经历和各具特点的鲜明个性，从而帮助我们更加透彻地了解每一位人物的人生经历及当时的历史背景，丰富我们的生活阅历与知识。

　　通过阅读这套丛书，我们可以结识到许多伟大的人物。与这些伟人"交往"，也会进一步提高我们的思想品格与道德修养，并以这些伟人的典范品行来衡量自己的行为，激励自己不断去追求更加理想的目标。

　　此外，书中还穿插了许多与这些著名人物相关的小知识、小故事等。这些内容语言简练，趣味性强，既能活跃版面，又能开阔青少年的阅读视野，同时还可作为青少年读者学习中的课外积累和写作素材。

　　我们相信，阅读本套丛书后，青少年朋友们一定可以更加真切、透彻地了解这些伟大人物在每个时代所留下的深刻印记，并从中汲取丰富的人生经验，立志成才。

导 言

Introduction

　　列夫·尼古拉耶维奇·托尔斯泰（1828—1910），19世纪俄国最伟大的作家，享誉世界的文坛巨匠，俄国文坛的最杰出代表。高尔基曾说："不认识托尔斯泰者，就不可能认识俄罗斯。"在文学创作和社会活动中，托尔斯泰还提出了"托尔斯泰主义"，对很多政治运动产生了深刻的影响。

　　1828年，托尔斯泰出生于俄国的一个贵族家庭。1840年进入喀山大学，受到卢梭、孟德斯鸠等启蒙思想家的影响。1847年退学返回故乡，在自己的庄园中进行改革农奴制的尝试。此后，他又在高加索军队中服役，并开始接触写作。几年的军旅生活不仅让他看到了上流社会的腐化，还为他以后创作巨著《战争与和平》奠定了坚实的基础。

　　1855年，托尔斯泰正式踏入文学界，此后陆续出版了《童年》《少年》《一个地主的早晨》《琉森》《三死》《家庭幸福》等作品，并通过这些作品深刻地揭露俄国社会的黑暗和沙皇的专制统治。

　　1863年，托尔斯泰开始创作长篇历史小说《战争与和平》，这也是他创作历程中的第一个里程碑。经过近7年的艰辛努力，1869年，这部对世界文学产生深刻影响的历史巨著终于完成，并受到了世界的瞩目。小说结构宏大，人物众多，典型形象鲜活饱满，是一部具有史诗和编年史特色的鸿篇巨制。著名作家罗曼·罗兰称这部小说为"我们时代最伟大的史诗，是现代的《伊利亚特》"。

　　1873年至1877年，经过12次修改，托尔斯泰又完成了他的第二部里程碑式巨著《安娜·卡列尼娜》，同样受到世界性的赞誉，被誉为"艺术之神"。

　　19世纪70年代末，托尔斯泰的世界观发生了巨变，写成了《忏悔录》等作品。80年代，他又创作了《黑暗的势力》《教育的果实》《伊凡·伊里奇之死》《克莱采奏鸣曲》《哈泽·穆拉特》《舞会之后》等影响后世的著名作品。尤其是1889年至1899年创作的长篇小说《复活》，更是成为托尔斯泰长期以来思想与艺术探索的总结，也成为对俄国社会批判最全面深刻、最有力的一部著作，成为世界文学不朽的名著之一。

晚年时期的托尔斯泰摈弃了财富和名利，追逐简朴的平民生活。1910年10月28日，托尔斯泰离家出走。11月7日，这位文学巨匠病逝于一个小车站内，享年82岁。

本书从托尔斯泰的儿时生活开始写起，一直追溯到他所创作出的伟大作品及为世界文学所做出的杰出贡献，再现了托尔斯泰追求真理、为真理不懈努力的传奇人生，旨在让广大青少年朋友了解这位伟大的文学家、思想家不平凡的人生经历，并体会他对真理、梦想和和平世界执著不懈的探索精神。

目 录
contents

时代印记　目录

目 录

第一章 在关爱中成长

正确的道路是这样的：汲取你的前辈所做的一切，然后再往前走。

——托尔斯泰

（一）

1828年8月28日，一个秋高气爽的日子，列夫·托尔斯泰出生在俄国亚斯纳亚·波良纳庄园的一幢白色圆顶的楼房中。

亚斯纳亚·波良纳位于莫斯科以南200千米处的图拉省克拉皮文县的丘陵地带。庄园的入口处，有两座白色的岗楼，据说当年曾有农奴在这里守卫。从岗楼中，可以看到庄园外面那条白桦夹道的宽阔通衢大道，路上终日都有过往的马车、赶路的农民和跋涉的朝圣者等。

庄园里面，到处都是树木掩映的林荫道和绿草地，还有清澈的池塘、美丽的花坛和气派的宅邸。毗邻庄园的是绵延不断的扎谢卡森林、蜿蜒曲折的奥朗卡河以及开阔的田野、草原和散落其间的农民村舍。

在这座庄园当中，托尔斯泰度过了他一生中的大部分时光。

托尔斯泰的家族是当地的贵族世家。他的先祖父彼得·安德烈耶维奇·托尔斯泰在彼得大帝时代身居要职，曾出任俄国驻土耳其大使、国务大臣和枢密院首脑，并被沙皇封为世袭伯爵。

彼得大帝死后，彼得·安德烈耶维奇·托尔斯泰因宫廷内部的争斗而失宠。82岁那年，他被放逐到偏僻的索洛维茨修道院。两年后，彼得·安德烈耶维奇·托尔斯泰在修道院中去世。

托尔斯泰的祖父伊利亚·安德烈耶维奇·托尔斯泰早年曾在部队中供职，后来退居乡间，是个典型的俄国上层贵族。他生活奢侈，挥霍无度，但又乐善好施，不谙经济事务，以致入不敷出，负债累累。晚年时，他在喀山省省长任上因下属贪赃枉法而受到牵连，被免职后不久便离开了人世。

后来，托尔斯泰在小说《战争与和平》中曾以祖父为原型，塑造了罗斯托夫伯爵这样一个出色的艺术形象，表达了对祖父的怀念。

托尔斯泰的父亲尼古拉·伊里奇·托尔斯泰早年也曾从军入伍，还参加过1812年抵抗拿破仑入侵的卫国战争。7年后，他回到故乡。

在父亲去世后，尼古拉放弃了资不抵债的遗产继承权，只保留了一处庄园。为摆脱经济困境，在28岁那年，尼古拉向一位年长他4岁的富有的公爵小姐玛莉亚·尼古拉耶夫娜·沃尔康斯卡娅求婚，并被对方所接受。

玛莉亚公爵小姐同样出身名门，与普希金家族具有血缘关系。著名诗人普希金的曾祖母与玛莉亚的曾祖母是亲姐妹，而姐妹俩的父亲则是彼得大帝的战友加洛文。

玛莉亚的父亲尼古拉·谢尔盖耶维奇·沃尔康斯基公爵是俄国历史上第一位统治者留里克的后裔。他曾担任过女皇叶卡捷琳娜二世的侍从武官、俄国驻柏林大使和阿尔汉格尔斯克总督，获上将军衔。

此后，他辞去职务，隐居到亚斯纳亚·波良纳，致力于庄园的扩建和对独生女玛莉亚的培养。

托尔斯泰十分敬重他这位外祖父。他曾这样谈到外祖父：

"人家都将他看做是一个非常严厉的主人，可我从来没有听人说过他残暴，或者施用当时很普通的严厉的刑罚之事。我相信，这种事在

他的庄园中一定有过，可是仆人和农民对他都极其尊敬，以致我常常向他们问起他时，他们虽然有时说我父亲的坏话，但对我的外祖父，他们全都一致颂扬，说他聪明，又会办事，对农民的福利，正如对他那庞大的家庭的福利一样关心。"

（二）

1822年，尼古拉·伊里奇·托尔斯泰与玛莉亚·尼古拉耶夫娜·沃尔康斯卡娅结婚了。而亚斯纳亚·波良纳庄园就是女方的陪嫁。

虽然玛莉亚比尼古拉大4岁，但婚后两人十分恩爱，生活也很和谐。他们共生育了5个孩子，前面4个都是男孩，分别是尼古拉、谢尔盖、德里特里和列夫。其中，1828年出生的列夫是最小的儿子，他的全名是列夫·尼古拉耶维奇·托尔斯泰。在出生时，他有网膜——这在俄罗斯联邦被看做是好运的征兆。

玛莉亚在生下4个男孩后，一直想要个女孩。1830年3月7日，她终于如愿以偿，女儿玛莎诞生了。但是，由于产后身体过度虚弱，玛莉亚的健康状况迅速恶化。在女儿出世5个月后，玛莉亚便与世长辞了。这一年，托尔斯泰只有1岁零8个月。

在托尔斯泰的记忆中，父亲给他留下了深刻的印象：中等身材，性格温和，颇具幽默感；酷爱读书，涉猎广泛，平时除了经营家业、教育孩子和外出打猎外，总是手不释卷。因此，托尔斯泰认为他的父亲"是那个时代中一个有教养的人"。

对于母亲，托尔斯泰是怀着最真挚的感情的。虽然因母亲过早离世，托尔斯泰根本记不清母亲的样子，但留在他心目中的却永远都是母亲美好的形象。后来他在回忆母亲时说：

"我所知道的关于她的一切都是那么美好。我想，这不仅仅是因为

一切向我谈到我母亲的人都只说她的好话，而是因为她实在是很好。"

由于出身名门，又是独生女，玛莉亚自幼就受过良好的教育，会说法、德、英、意等多种语言，还能弹琴、绘画和写诗，口才也非常好。她经常编各种各样有趣的故事给孩子们听，努力在孩子们身上培养良好的品质，还细心地记下他们的成长日记。

有人说，托尔斯泰最像他的母亲，但托尔斯泰认为还是大哥尼古拉最像母亲。玛莉亚去世时，尼古拉只有6岁。但从玛莉亚留下的信件看来，尼古拉似乎继承了母亲的许多天性。

尼古拉与玛莉亚在个性上最相像的地方，就是善于将自己所具有的智慧、学识和道德等优越感隐藏起来。简单地说，他们都是非常谦逊的人。

托尔斯泰一生都在幻想着他的母亲。在他的小说《童年》中，他曾这样描述过他的母亲：

> 当我幻想我母亲的容貌时，浮现在我心头的，常常是她那永久不变、温柔的脸庞，漂亮的褐色眼睛，短短卷发下的一颗痣，还有那漂亮刺绣的白领子，洁净、纤细、小巧的手。我常会去亲吻、抚摸它们。

对于托尔斯泰来说，母亲并没有死去，她就活在他的身旁，并帮助他。他是如此的相信，永久的相信。

1906年，78岁的托尔斯泰在他6月10日的日记中还这样写道：

> 今天早上，我在花园中像往常一样走动着，想念母亲了，想我那一点印象也没有的"好妈妈"了。在我的心中，她是圣洁的偶像，我从来没听见有谁讲她的坏话。
>
> 我沿着白桦林的路走着，走近榛树丛中，看到一个女人在泥泞

中的脚印，我又想起了她，想起她的血肉之躯。想象一下她的血肉之躯都令我感到不舒服。任何血肉之躯的想象都会玷污她的形象。我对她，抱有怎样圣洁的感情啊！

（三）

与俄国许多作家，如屠格涅夫、涅克拉索夫和陀思妥耶夫斯基的灰色童年相比，托尔斯泰的童年生活环境是充满温馨与和谐的。虽然母亲过早离世，但他从塔基亚娜·阿列克山德罗夫娜·叶戈尔斯卡娅姑妈和其他关心他、爱护他的人那里得到了母爱的补偿。

塔基亚娜姑妈是托尔斯泰家的远亲。她幼年时便失去父母，此后一直寄养在托尔斯泰家中，并由托尔斯泰的祖父母将其养大成人。

少女时代的塔基亚娜不仅长得美丽，还心地善良，而那双像玛瑙一般又黑又亮的眼睛里更是透出机灵和智慧。她深深地爱着与自己同龄的尼古拉·伊里奇。

但是，塔基亚娜很清楚，像自己这样寄人篱下、没有任何家产的孤女是不可能与尼古拉发展成为婚姻关系的。这让她感到很痛苦。

后来，塔基亚娜终生未嫁。当托尔斯泰的母亲玛莉亚去世后，她就负担起照顾孩子们的重任。在玛莉亚去世6年后，尼古拉伯爵曾向她求婚，并请求她做孩子们的母亲，但她不愿破坏自己与尼古拉及孩子们之间长期形成的那种纯洁、富有诗意的关系。因此，她拒绝了尼古拉的求婚。

但是，在以后的岁月中，塔基亚娜一直留在波良纳，将自己对尼古拉的爱全部倾注到他的孩子们身上，尤其是列夫·托尔斯泰的身上，对他们充满了慈母一般的关怀。

后来，托尔斯泰曾一再满怀深情地谈到自己这位远房的姑妈，称她

是一位"坚定、果敢、精力充沛而又富有自我牺牲精神的人"，"具有崇高的道德品质"。而且他还认为：

"姑妈对我一生的影响最大。当我还是个孩子的时候，她就教会我从精神上领略爱的滋味。她不是用言语教会我这种快乐，而是用她的实际行动、用爱来感染我。我看到，我感觉到，知道她能以爱别人而感到幸福，于是我也懂得了爱的幸福。"

托尔斯泰还记得，在他5岁的时候，有一次在客厅的沙发上，当他受到姑妈亲切的抚爱时，他是怎样"抓起她的手亲吻她，并且因为爱她而开始哭泣"。

他还记得，在童年时，在那漫长的冬夜，他如何依偎在姑妈的身边，听着她和侍女杜涅奇卡等人的谈话，感受那充满温暖和爱的、令人愉悦的气氛，而他那些"好的思想和心灵的良好活动，是受益于这些夜晚谈话的"。

在托尔斯泰的处女作、中篇小说《童年》中，有这样一段抒情插曲，写的就是他对自己童年生活由衷的赞美：

幸福！一去不复返的童年时代啊！一个人怎能不爱惜、不珍视那些日子的回忆呢？这些回忆让我的灵魂苏醒、崇高，并且是我最大的快乐源泉……

在童年时代，我们生存的唯一动机只包括两种最优美的德行——天真的快乐和对于爱的无边的需求——还有什么能比童年更好呢？

对于童年的生活，托尔斯泰是充满了"天真的喜悦"的。亚斯纳亚·波良纳庄园及其周围的优美自然环境是孩子们的乐园。每到夏日里，托尔斯泰就与他的哥哥和妹妹一起在树林中做游戏，到池塘边钓鱼，或者在草地上骑马。

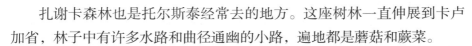

扎谢卡森林也是托尔斯泰经常去的地方。这座树林一直伸展到卡卢加省，林子中有许多水路和曲径通幽的小路，遍地都是蘑菇和蕨菜。

距离亚斯纳亚·波良纳不远的格鲁蒙特也是孩子们爱去的地方，因为那里有山谷、有牧场，还有清澈的泉水。

到了冬天，孩子们会到外面打雪仗，或者坐着雪橇到树林中捕鸟、打猎。当然，孩子们最盼望的还是圣诞节的到来。每逢圣诞节，托尔斯泰家中总是热闹非凡。这一天，孩子们除了可以尽情玩耍外，还能观看或参加化装舞会。后来，在小说《战争与和平》中罗斯托夫伯爵家中孩子们夜驾雪橇、尽情玩耍的场景，就是托尔斯泰儿时生活的写照。

（四）

与那时大多数贵族家庭一样，托尔斯泰家中也请了家庭教师给孩子们授课。最早聘来的教师名叫菲德尔·伊万诺维奇·廖谢尔。他主要教授孩子们学习德语，也兼授算术、历史、地理等课程。

这是个心地善良但却有些迂执的老人。托尔斯泰的《童年》中的卡尔·伊万内奇就是以他为原型的。虽然这个人物在小说中着墨不多，但却栩栩如生：

"高高的个子，穿着棉袍，戴着一顶红色的小帽，帽子下面还露出稀疏的白发，神情端庄而安详。"

托尔斯泰是个很聪明的孩子，5岁时，他就已经学会了法语字母，后来又很快掌握了这种语言。从7岁开始，他就能在家庭记事本上记下哥哥和妹妹每天的活动了。

刚刚学会文字后，托尔斯泰就被克雷洛夫的寓言、普希金的诗歌和《一千零一夜》等故事所吸引。家中的大量藏书，如普希金、卡拉姆津、茹科夫斯基等作家所写的文学作品便成为幼年托尔斯泰的文学启

蒙老师。

同时，托尔斯泰对艺术美的感受能力也早早就显现出来。有一次，父亲让他朗读普希金的诗《致大海》和《拿破仑》，他立刻就用铿锵有力的声音和语调朗诵了这两首诗，让父亲大为吃惊。父亲非常高兴，随即又将正在家中的他的教父亚茨科夫请过来，让托尔斯泰再读一遍。

后来，托尔斯泰回忆说：

"父亲显然是被我朗诵的这两首诗时所用的感情感动了，他和亚茨科夫教父交换着意味深长的眼色。我知道，他看出我读得不错，这让我非常快乐。"

在5个孩子中，大哥尼古拉秉承了母亲的天赋，富于幻想，善于讲故事。他讲的"蚂蚁兄弟"和"吹牛山"这两个故事，给托尔斯泰留下了不可磨灭的印象。

那一年，托尔斯泰5岁。有一天，大哥尼古拉对弟弟们说，他有个秘密，如果有一天将这个秘密公开，利用这个秘密，所有的人都将成为幸福的人，不再会有什么疾病，也不会再有任何不愉快的事情，大家都能和睦相处，互敬互爱，成为"蚂蚁兄弟"。

于是，兄弟四人便玩起了"蚂蚁兄弟"的游戏：大家都坐在椅子底下，用一些箱子把椅子围住，再用围巾和手帕蒙上，大家摸黑坐在那里，彼此紧紧地偎依在一起。

托尔斯泰后来回忆说：

"这是一种异常亲热的游戏。我记得，那时我的心中充满了一种特殊的爱，感到特别激动，因此我十分喜欢这种游戏。"

游戏做完了，但大哥并没有说出那个秘密。他说，他将这个秘密写在了一根小绿棒上，并将这根小绿棒埋在老扎卡斯峡谷的路旁。

除了这个游戏之外，大哥尼古拉还对弟弟们说，有一座吹牛山，只要大家做好一切准备，他就可以带大家一起到山里去。而要做的准备就是：第一，要站到角落里，而且不能想到白熊。托尔斯泰后来说，"我站到角落里的情景：尽管我尽力不去想白熊，可无论如何也摆脱不掉有关白熊的念头"；第二，要沿着地板之间的一道缝隙走过去，不准踏空；第三，一年之内不能看到一只兔子；最后还必须发誓，对任何人都不能公开这个秘密！

关于"蚂蚁兄弟"和"吹牛山"的故事，让童年时期的托尔斯泰为之神往，终生铭记。他曾在回忆录中写道：

"要像'蚂蚁兄弟'那样相亲相爱，紧紧偎依在一起，不过不但是在蒙着围巾和手帕的圈椅底下，而是要普天下所有的人全都如此，这至今仍是我的理想。那时我真的相信：那根小绿棒是存在的，上面写的是：消灭人间一切罪恶，赐予人们伟大的幸福。如今，我依然相信这一真理是永存的，它将为人们所知道，并将赐予人们它所允诺的一切。"

第二章　艰难的求学生活

不错，达到生活中真实幸福的最好手段，是像蜘蛛那样，漫无限制地从自身向四面八方撒放有黏力的爱的蛛网，从中随便捕捉落到网上的一切。

——托尔斯泰

（一）

1836年冬天，为了孩子们的学业，托尔斯泰一家迁往莫斯科居住。在那时，从波良纳到莫斯科坐马车要走上4天，可以算是长途旅行了。不过，这并不等于他们放弃了亚斯纳亚·波良纳，他们的家仍在这里。每到夏天假期时，一家人会返回这里度假。

这是8岁的托尔斯泰第一次出远门，路上的所见所闻都令他感到新鲜和好奇，同时也在他幼小的心灵中产生了许多的疑问。这次旅行的感受，在他的自传体小说《少年》中是这样描述的：

……在生命中的一定时期，你们突然发现自己对事物的看法完全改变了，好像你们以前看到的一切事物，突然将它们的另一面，你所不认识的那一面，转向了你们。这种精神上的变化在我们旅行期间初次在我心中发生。我认为，我的少年时代正是从此开始的。

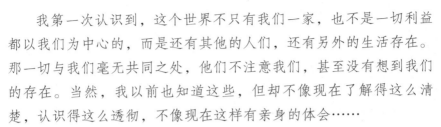

　　我第一次认识到，这个世界不只有我们一家，也不是一切利益都以我们为中心的，而是还有其他的人们，还有另外的生活存在。那一切与我们毫无共同之处，他们不注意我们，甚至没有想到我们的存在。当然，我以前也知道这些，但却不像现在了解得这么清楚，认识得这么透彻，不像现在这样有亲身的体会……

　　我望着我们路过的乡村和城市，每幢房子里至少都住着像我们这样的人家。那些妇女和儿童们都怀着好奇心打量着我们的马车，随即从我们的视线内消失。路边的那些小店主和农民不仅不向我们鞠躬（像我在波良纳见惯了的那样），而且连瞧都不瞧我们一眼。

　　目睹这些情景，我第一次产生了这样的问题：他们根本不理睬我们，那么，他们关心的是什么呢？由此，我又联想到另一些问题：他们怎样生活？靠什么生活？他们如何教养他们的孩子们？是否会教他们念书？会允许他们玩耍吗？怎样责罚他们呢？诸如此类。

　　经过几天的跋涉，马车终于驶上了与亚森卡河平行的通往莫斯科的国家公路上。再向前行，孩子们只在书本上见过的莫斯科便清晰可见了。

　　一路上，几个孩子轮流坐在父亲和祖母乘坐的高大的六轮马车上。托尔斯泰后来回忆坐到父亲身旁时的情景，说：

　　"我记得我看到了莫斯科的教堂和房屋时的那种兴奋劲儿，父亲指给我莫斯科的方向时，那种骄傲的表情让我尤其惊讶。"

　　一家人到了莫斯科后，住在位于普留什赫街的一幢宽敞舒适的大宅里。在这里，他们的衣食住行与在波良纳时并无两样，孩子们仍然是在家里读书。

　　这时，托尔斯泰对书本内容的兴趣不太大，他最喜欢的事就是跟随家庭教师菲尔德·伊万诺维奇逛莫斯科的大街小巷。那些古老的建筑、笔直的林荫道、鹅卵石铺就的路面、盛装的市民以及喧嚣的人声，深深地吸引着小托尔斯泰。而最令他神往的，就是坐落在莫斯科

河岸的金碧辉煌的克里姆林宫。

11岁时，托尔斯泰曾在一篇文章中写道：

克里姆林宫是多么雄伟啊！在许多的教会建筑和大教堂中，伊万大教堂就像巨人一样矗立着，它令人不由得回想起伊万这个狡猾的皇位攫取者……

这堵白色的石墙也让人回忆起伟大的天才和英雄人物……正是在这堵墙下，摆脱异族统治桎梏、争取俄罗斯独立的曙光升了起来。

而这条静静的莫斯科河又给了我一种多么美妙的感觉啊！她目睹了莫斯科城的一切不幸与光荣，最终迎来了莫斯科城的宏伟时代……

（二）

随着年龄的增长和家庭生活的变故，托尔斯泰在怀着对生活的热爱、幻想和憧憬的同时，也逐渐感受到了生活中那些令人悲伤和阴冷的一面。

1837年的夏天，父亲尼古拉去图拉省办事，在拜访他的朋友杰迈肖夫的途中，突然感觉不适，一头栽倒在地，不省人事。此后，父亲再也没有醒过来，他身上的钱也都被偷走了。

父亲的去世让一家人悲痛欲绝，孩子们成了父母双亡的孤儿，老祖母也失去了唯一的儿子，塔基亚娜失去了她终生默默地、无私地热爱的兄长。

尼古拉的葬礼是在亚斯纳亚·波良纳举行的，但托尔斯泰没有参加。他很久都不能相信父亲已经去世的事实，总觉得父亲只是在外面办事，有一天会回来的。他变得精神恍惚，有时甚至一个人跑到莫斯科街头那些陌生的人群中去寻找父亲的踪影。

后来，托尔斯泰回忆道：

"我非常爱父亲，我不知道为什么会对他产生如此强烈的爱。"

父亲去世以后，祖母就解聘了与孩子们相处甚好的家庭教师菲尔德·伊万诺维奇，这又给少年的托尔斯泰增添了新的痛苦。不久后，祖母重新给孩子们请了一个法国籍的家庭教师圣·托马。

圣·托马是个见识浅薄、为人高傲自大的人，不愿意像菲尔德那样了解和热爱孩子们。他独断专行的授课方式和严厉的管理措施，引起了孩子们的强烈反感。后来，托尔斯泰在回忆录中还提到这样一件事：

> 记不清是因为什么事，总之是一件不值得计较的小事，圣·托马首先将我锁在屋子里，后来还威胁我，说要用树枝抽我。我满腔怒火，气愤至极，不仅厌恶他，甚至痛恨他想加之于我的暴力。

圣·托马对托尔斯泰的体罚，在这个敏感、渴望爱的少年的心灵上刻下了难以磨灭的伤痕。到了晚年，托尔斯泰心情忧郁时还会想起当年被锁在贮藏室中的情景。可以说，这是托尔斯泰一生中仇视暴力的源头，甚至也是托尔斯泰自认为"走上对宗教怀疑道路的第一步"。

祸不单行，在父亲去世不到一年，祖母也忧伤成疾，于1838年5月25日溘然长逝。托尔斯泰的大姑妈亚历山德拉·伊莉妮奇娜，即阿玲姑妈被指定为5个孤儿的法定监护人，托尔斯泰家族的财产也都交由监护理事会经管。

此后，家里的经济状况日渐拮据，领地的收入已不足以维持托尔斯泰一家在莫斯科的开支，全家不得不缩减开支。于是，一家人搬出普留什赫街舒适的大宅，另外找了一幢比较简陋的住宅。

不久，由于经济状况不佳，除了两个年长的孩子留在莫斯科，由阿玲姑妈照顾，准备考试升学之外，其余的人又重新返回亚斯纳亚·波良纳。这对小托尔斯泰来说是件高兴的事，因为他可以与家庭教师圣·托马分开了。

13

1840年，孩子们的法定监护人阿玲姑妈在奥普京修道院去世。这时，能够做孩子监护人的就只剩下小姑妈比拉盖亚·伊莉妮奇娜了。

此时，已经成为大学生的哥哥尼古拉代表弟妹们向远在喀山的比拉盖亚姑妈请求得到抚养权。姑妈同意了，但她有个条件，那就是5个孩子都要到喀山去。但是，她拒绝一直与孩子们生活在一起的塔基亚娜姑妈一同前往。

原来，比拉盖亚的丈夫、昔日的骠骑兵尤什科夫曾经爱恋过塔基亚娜。对此，比拉盖亚一直耿耿于怀，她担心塔基亚娜的到来会令丈夫旧情复燃。

比拉盖亚姑妈的这个条件让塔基亚娜姑妈与孩子们都很难过。塔基亚娜这样写道：

"这是多么残酷！这简直是一种野蛮的行为——让我与孩子们分离！在这些孩子身上，我倾注了自己将近12年的关怀、体贴和心血，这些孩子是在他们母亲临终前由他们的父亲交给我的。我没有欺骗他们的信任，没有辜负他们的期待，我用我最大的母性温存履行了对他们的神圣的责任。我的使命完结了。"

但事实无法改变，托尔斯泰兄妹和他们的仆人、农奴、木匠、裁缝等，分乘几辆马车从波良纳出发，然后乘坐平底船沿伏尔加河顺流而下，前往喀山。

塔基亚娜姑妈将孩子们送到莫斯科后，含着眼泪与孩子们告别。后来，托尔斯泰在给塔基亚娜姑妈的信中写道：

在离别的时刻，我内心突然一颤，明白了你对我们的全部意义。因而，我稚气地流出了眼泪，并哽咽着说了几句话，想向您表达我自己的感受。

（三）

1841年，托尔斯泰开始了他在喀山的生活。在这座城市，他生活了大约5年，哥哥们也都顺利地考上了喀山大学。

在喀山，起初小托尔斯泰没有什么变化，只是更加孤独了。比拉盖亚姑妈家属于喀山的上层贵族家庭，生活奢侈豪华。她本人是个善良、俗气、非常浅薄的女人，总是那么活泼、快乐。她爱世界上的一切：高级僧侣、修道院，爱给教堂和修道院缝制镶金的绣布；爱吃喝玩乐，还爱饶有兴趣地收拾房间，一张沙发要摆放在哪里，对她来说都是一件大事。她的丈夫虽然比较聪明，但也是庸庸碌碌之人，除了会向漂亮的侍女飞眼之外，一事无成。

无论是浅薄的姑妈，还是整日在上流社会混日子的姑父，都不能给托尔斯泰任何道德修养方面的指导，这让托尔斯泰痛苦万分。后来，他在《忏悔录》中写道：

> 我一心一意想要成为一位好人，但我年幼无知，我有一股强烈的愿望；而当我寻求美好的东西时，我单枪匹马，完全孤立无援。每当我打算说出内心的真正渴望，说出我想成为精神道德上完美无瑕的人这一思想时，我遭到的却是鄙视和讥笑。
>
> 可是，一旦我陷入可恶的情欲里，自暴自弃，他们却夸奖我、鼓励我。虚荣、贪权、自私、淫欲、傲慢、愤怒、复仇——所有这一切，反而都得到了尊重。当我被这些恶劣的情感笼罩时，我就变得像大人了。同时，我觉得他们对我还是十分满意的。

从这段话里，我们可以看出14岁的托尔斯泰生活在多么恶劣的环境当中。处于人生重要的成长阶段，托尔斯泰在精神上无比孤独。他开始接触费希特、谢林等人的哲学著作，思考着生与死、生活的意义等问题，表现出了远远超过同龄人的抽象思维能力。

不仅思考，他还一再付诸实施。比如，有一次托尔斯泰突然想到：幸福不在于外因，而在于人对外因的态度。一个吃苦耐劳惯了的人不可能会不幸。为了证明这一点，他长时间地将厚厚的大辞典举过头顶；或者走进贮藏室，脱掉上衣，用鞭子狠狠抽打自己；或者将手放在火炉上烤，再伸到窗外去冻。

有一段时间，他又对怀疑主义产生了兴趣。他说：

"我曾经想象：在整个宇宙当中，除了我自己之外，任何人和任何东西都不存在，物体也并非物体，只是当我对它们加以注意时才出现形象；我一不想到它们，这些形象就马上消失。"

为了验证这个观点，他经常飞快地转过头去，朝后面张望，希望可以出其不意地在他不存在的地方抓住虚无。在这种精神活动中，托尔斯泰也触及了他以前不敢触及的信念，赞同伏尔泰对宗教的嘲笑，甚至还怀疑上帝的存在。

不过，在这段精神空虚的日子里，托尔斯泰与德米特里·吉雅科夫之间真挚的友谊为他少年时代的梦想增添了一些美好的色彩。

吉雅科夫年纪比托尔斯泰稍长，但两人气质相近，意气相投，对各种事物的看法也颇有相似之处。他们经常单独待在一起，热烈地讨论彼此感兴趣的话题，同时也热切地表达着那些一直激动着他们的思想和感受。

每当这时，托尔斯泰就会忘记时光的飞逝，忘记周围的一切。后来，托尔斯泰在回忆这段经历时说：

"我同德米特里的友谊启示我以新的目光看待生活、生活的目的和人的关系等。这种看法其实是坚信人的使命在于追求道德完善，坚信这种完善是易于奏效和可能办到，而且永远不变的。

"现在，时候到了，这些想法就像精神上的发现一样，以新的力量出现在我的脑海中。我想起过去白白浪费了许多时间，同时也想起要把这些想法付诸实施，而且下定决心，矢志不渝。"

第三章　喀山大学

　　幸福不表现为造成别人的哪怕是极小的一点痛苦，而表现为直接促成别人的快乐和幸福。照我看来，它在这一方面可以最为简明地表达为：幸福在于勿恶、宽恕和热爱他人。

——托尔斯泰

（一）

　　在比拉盖亚姑妈身边时，托尔斯泰曾用两年的时间准备报考喀山大学。他想成为一名外交官，准备进喀山大学的东方语言系，因此就必须掌握阿拉伯文和土耳其鞑靼文。

　　托尔斯泰学习很努力，并于1844年6月参加了入学考试。但这次考试成绩并不理想，法文、德文、阿拉伯文和土耳其鞑靼文等都是优等，英文、数学和俄国文学为良好；但他不太注意的拉丁文、历史和地理三门功课却完全失败，得了最低分。

　　为了能顺利升入大学，托尔斯泰在接下来的两个月里几乎足不出户，全力补习三门不及格的课程。暑假结束后，他被允许补考这三门不及格的科目，最终都顺利通过，被录取为东方语言系阿拉伯土耳其语专业的学生。

　　在得到被录取的消息后，托尔斯泰欢喜雀跃，庆祝自己终于成为大人。他将拥有属于自己的马车，到处都受到礼遇，岗警也要向他敬礼；而且，谁也不能阻止他抽烟了。刚满16岁的托尔斯泰对他的大学生活充满了向往。

东方语言系是喀山大学最出色的一个系，在整个欧洲都享有盛誉。该系集中了一批精通波斯语、汉语、蒙古语、阿拉伯语和土耳其语的专家，是俄国培养东方学专门人才的摇篮。由于当时俄国东方政策的需要，这方面的人才很抢手，所以该系也成为许多青年学子慕名投考的对象。

托尔斯泰报考东方语言系，可能还受到家庭环境的影响。他的父亲在世时，曾与外交界朋友时有来往；他的亲戚中也有不少在这一行工作的。加之托尔斯泰有语言方面的才华，因此他最初产生当外交官的念头也是很自然的。

当托尔斯泰身着貂皮领子的大衣，佩带着大学生短剑，戴着三角帽和白手套跨入大学校门时，他的感觉棒极了！自小在家庭教育圈子长大的托尔斯泰，第一次置身于同龄人中间，新鲜感自然也十分强烈。

高大宏伟的教学楼、宽敞明亮的教室、走廊中熙熙攘攘的人群，以及属于这个欢乐大集体中一员的意识，这一切都令托尔斯泰感到愉快。

但很快，托尔斯泰就发现自己对东方语言的学习并不感兴趣；相反，枯燥乏味的课程令思想活跃和求知欲强烈的托尔斯泰感到深深的失望。从一开始他就断定，像大多数同学那样每天忙于做课堂笔记是毫无意义的，甚至是愚蠢的。

所以在课堂上，托尔斯泰经常心猿意马，有时甚至干脆就不去上课了。不久后，托尔斯泰就开始沉湎于上流社会的各种舞会、晚会和招待会。

喀山位于伏尔加河的中游和卡马河流域的中心，地理位置独特，自然风光优美，是个非常繁华的城市。在漫长的冬季，这里的贵族社交活动总是显得异常活跃，

在比拉盖亚姑妈的怂恿和诱导之下，这年冬天，托尔斯泰也开始频频出入于显贵之家，出现在宴会、舞会和庆典之类的场合中。一连串

的舞会，时而在省长官邸，时而在首席贵族府上，时而在罗吉昂塔诺夫学院；另外还有家庭舞会、贵族俱乐部化装舞会、绘画展览会、音乐会等等，一个接着一个，让托尔斯泰应接不暇。

但是，他却远不及同龄贵族大学生那么受上流社会女士们的垂青。他常常流露出一种奇怪的固执和腼腆。他性情孤僻，动作呆笨，总是怯生生的。因此，人们都嘲讽地称他是"哲学家"。

在这方面，托尔斯泰非常羡慕自己的二哥谢尔盖。谢尔盖左右逢源、应付自如，很善于博得上流女士和小姐们的欢心。托尔斯泰认为二哥是个彻头彻尾的"体面人物"。为此，他也以二哥为样板，努力结交那些志趣并不相投的人物。

显然，上流社会的生活方式对年轻的托尔斯泰来说具有一定的吸引力；但是，这样的生活方式与他的理想追求又非常不和谐。在托尔斯泰看来，他的理想是建立在4种感情基础之上的：

> 第一种感情是对"她"，一个幻想中女人的爱情……；第二种感情是对爱的回报，我想要所有的人都知道我，人人都爱我……；第三种感情是希望一鸣惊人，这个念头是如此强烈、如此执著，以至于弄得我神魂颠倒；第四种也是最主要的感情，是自我厌恶和懊悔，但懊悔和对幸福的希望混合到那样的程度，以致它没有了任何悲哀的部分。

可见，此时的托尔斯泰正面临着"成长中的烦恼"。他有自己的理想境界，又受现实生活中种种世俗的诱惑，因此难免感到彷徨和迷茫。

（二）

在喀山贵族女子学校校长扎格斯金纳举办的一次舞会上，托尔斯泰结识了一位漂亮的少女季娜伊达·莫罗斯特沃娃。季娜伊达是托尔斯泰的妹妹玛莎的同学，性格活泼，喜欢幻想，与托尔斯泰有共同的语言。

两个年轻人很快就沉浸在初恋的甜蜜之中，常常漫步在阿尔西叶列伊花园中，一起谈天说地。可是，两人谁都不想破坏这种纯洁和诗意的情感，以致最终也未能向对方吐露自己的心曲。这段初恋也成为托尔斯泰美好的人生回忆。

在大学时代，托尔斯泰继续与吉雅科夫保持着友谊，同时他又结识了许多新朋友。当时就出身来说，托尔斯泰的大学同学基本可以分为两类：一类是承袭了祖先封号的贵族学生，一类是小公务员、小商人、手工业者等平民阶层的子弟。

贵族学生们依仗着家境的殷实，衣着讲究，生活阔绰，谈吐举止似乎也十分高雅；而平民学生生活拮据，大多依靠优异的成绩获得"官费"求学，清贫的生活往往令他们不修边幅，也不看重所谓的"礼节"。

在与这两类学生相处时，托尔斯泰充满了矛盾心态。作为一个从小在贵族社会环境中长大的青年人，他注重上流社会的"体面"和"礼节"，因此不由自主地向那些贵族学生靠拢。可他很快发现，那些"体面"的贵族学生大多庸俗不堪，华丽的外衣里面是空虚和浅薄的心灵；相反，那些外表不够体面的平民学生却大多目光敏锐，聪明好学，颇有修养和追求理想的热忱。

对贵族和上流社会的喧嚣逐渐产生厌恶感后，托尔斯泰继续着自己的精神追求，开始潜心阅读和研究黑格尔、伏尔泰、卢梭等人的哲学著作，其中对法国作家卢梭的哲学和文学作品尤为倾心。在大学期间，托尔斯泰就读完了卢梭的全部20卷著作，深受其影响。卢梭的作品也激起了他对真理的向往。他甚至觉得，阅读卢梭的作品就好像在阅读自己的思想一样，只不过是有意识地对自己的思想加以补充。

在大学期间，托尔斯泰还写下了《论哲学的目的》等9篇文章，阐述了卢梭的思想和自己的见解等。

1845年夏天，托尔斯泰回到亚斯纳亚·波良纳度假时，还曾尝试过一种朴素的原始生活。为了不被干扰，他单独住在一栋侧楼中，而且不需要仆人侍奉，自己收拾房间。白天，他或在房间中静思，或到树林中散步，手里总是拿着一大本哲学著作。他还给自己缝制了一件又长又宽的布袍，每天穿着，即使有客人来也不换。

也是在这时，托尔斯泰第一次感觉到老爷地位的可耻。他后来回忆说：

"当我17岁时，我穿着一件普通的制服走路，却听到他们（农民）叫我'狗少爷'。"

这让托尔斯泰既感到刺耳，又觉得羞耻。不过，这种羞耻感是一种向善心态的反映，因此托尔斯泰"喜欢这种情感"。

托尔斯泰的精神追求还令他对宗教产生了深深的怀疑，尽管这时他对宗教的态度还是游移不定的。童年时，托尔斯泰曾受过洗礼，并在信仰东正教的环境中长大。对这种信仰的第一次冲击，发生在他11岁时。

那年，有个名叫沃伦杰卡的中学生来到他家，声称有一个特大新闻，那就是：上帝是根本不存在的，到处宣扬的教义都是无稽之谈。

这让托尔斯泰和他的哥哥们非常兴奋，认为这个说法是有可能的。随后，托尔斯泰"开始大量阅读和思考问题"，对教义的否定态度更加坚决。后来，托尔斯泰在他的《忏悔录》中写道：

> 我从16岁开始就不作祷告，自己主动不上教堂，不作斋戒祈祷。我不再相信小时候教给我的一切，但我总还是有某种信仰。究竟我信仰什么？我自己也讲不清楚。我也相信上帝，或者更确切地说，我不否定上帝，究竟是怎样的一位上帝？我也讲不清楚。我也不否认基督和他的学说，而这些学说的实质是什么？我同样讲不清楚。

托尔斯泰认为，当时他唯一的信仰就是完善，而且主要是道德的完善，可同时又有"比别人更能够有名气、更重要、更富有"的愿望。这种矛盾，十分符合正在探索人生的托尔斯泰的心态。

（三）

一年的大学生活很快就过去了，托尔斯泰没能通过升级考试，他的德语和历史两门功课都得了最低分。此时的托尔斯泰，宁愿离开东方语言系，也不愿意重读一年。因此在1845年8月，他转到了法律系。与东方语言系阵容强大的师资队伍相比，法律系简直是相形见绌。而且，当时攻读法律系的大部分都是劣等生，差不多全是一些纨绔子弟。

但是，该系也有几名才华横溢的教授，其中担任俄国法律史的梅耶教授更是鹤立鸡群。托尔斯泰刚到法律系不久，梅耶教授就注意到了他。有一次，梅耶教授对托尔斯泰的一个同学说：

"我发现他压根儿就不想好好学习，真是令人惋惜。他的脸孔是那样富有表情，眼睛是那样机智，我相信，他只要努力学习，独立钻研，是会成为栋梁之才的。"

为了引起托尔斯泰对法学的兴趣，梅耶教授让托尔斯泰对孟德斯鸠的《法意》和叶卡捷琳娜二世的《法典》进行比较研究。托尔斯泰这次的确是下了工夫，他在日记中称这是"第一次严肃地用功了"。

经过一段时间的研究比较，托尔斯泰得出了一系列独到的结论。他认为，专制主义是反人民的，"专制主义靠什么来维持呢？或者靠人民的不够开化，或者靠受压迫的那一部分人民力量不足"，在专制统治者可以随意改变法律的情况下，法律是不可能保障人民的权利的；女皇不会放弃专制主义精神，她只是借来孟德斯鸠的共和思想，"当做为专制主义辩护的工具"。而两者的本质是不同的，因此女皇这样做"多半不会成功"。

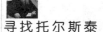

最后，托尔斯泰给《法典》的评价是：

"浅薄多于真切，俏皮多于理性，虚荣心多于对真理的爱……爱自己胜过爱他人，它给叶卡捷琳娜带来的荣誉多于给俄国带来的利益。"

通过研究《法典》和《法意》，托尔斯泰认识到：大学里这种经院式的教育模式已经成为他钻研问题的障碍。如果处于大学的围墙之外，他便可以随心所欲地做自己喜欢的事，从事自己喜欢的研究，而不必受教授课程的约束。

1846年秋，托尔斯泰兄弟三人（此时大哥尼古拉已前往高加索服役）搬出了比拉盖亚姑妈家，住进一栋单独的住宅里。在这里，托尔斯泰将他的主要精力都用于博览群书之中，他所涉猎的文学作品也更加丰富。他曾在回忆往事时谈到自己17岁那年迷恋大仲马的小说《基度山恩仇记》和《三剑客》的有趣情景。他还为自己开过一份书单，谈到对他14岁至20岁期间影响最大的书，其中包括卢梭的《忏悔录》、《爱弥尔》和《新埃罗绮思》，普希金的《叶甫盖尼·奥涅金》，席勒的《强盗》，果戈理的《外套》和《死魂灵》，斯泰恩的《感伤的旅行》，屠格涅夫的《猎人笔记》，狄更斯的《大卫·科波菲尔》，莱蒙托夫的《当代英雄》等。

当然，托尔斯泰在这期间阅读的书籍远不止这些，歌德的《浮士德》、欧仁·苏的《巴黎的秘密》等，都在他的阅读行列中，他阅读的作品已经达到几百本了。就俄国作家来说，当时托尔斯泰最推崇的是普希金、果戈理和莱蒙托夫。

在大学阶段的后期，托尔斯泰还开始系统地写日记，并将其作为"发展自己的能力"和提高道德修养的重要手段。在日记中，他曾为自己制订了严格的生活准则，并不断对自己的思想和行为进行毫不留情的剖析。从1847年初到1910年托尔斯泰去世前4天，在长达半个多世纪的岁月里，托尔斯泰的日记很少有过中断。这些日记也成为记录作家真实生活和创作历程的珍贵文献。

1847年4月，托尔斯泰终于下定决心退学。虽然喀山大学校长、俄罗斯著名数学家罗巴切夫斯基劝他留下来，继续完成学业，但托尔斯泰还是毅然选择了退学。

后来，托尔斯泰在他的小说《复活》的一个版本中，这样写主人公聂赫留道夫退学的原因：

> ……他离开大学，没有学完课程，是因为他认定：大学里没有什么可学的，学过的那些课程都无关紧要，以致在考试复述它们时不但没有什么用处，简直让人感到羞辱……他觉得，那些著名的、然而大部分又都是很没有远见的学者，披着绝对正确的科学的外衣，贩卖的却只是辞藻华丽的大杂烩。

这段话，正是当年托尔斯泰自我心态的记录。

4月底，校方批准了托尔斯泰以"健康不佳和家事牵累"为由提出的退学申请。一个星期后，他回到家乡亚斯纳亚·波良纳。

第四章　庄园中的青年地主

幸福并不在于外在的原因，而是以我们对外界原因的态度为转移，一个吃苦耐劳惯了的人就不可能不幸。

——托尔斯泰

（一）

1847年初夏，托尔斯泰回到亚斯纳亚·波良纳，与哥哥们和妹妹相聚到一起。随着孩提时代的渐渐远去，这样的机会已经很难得了。

这时，托尔斯泰兄弟们都已经到了成家立业的年龄。大哥尼古拉当了军官，二哥谢尔盖和三哥德里特里都已经大学毕业，托尔斯泰自己刚刚退学回来，妹妹玛莎虽然尚未年满18岁，但已经准备出嫁了。

此次他们在波良纳相聚，主要是分割父母留下的遗产。分家的结果，托尔斯泰得到了亚斯纳亚·波良纳这片庄园。大哥尼古拉得到的是祖传的、位于切尔尼河畔的领地；二哥谢尔盖和妹妹玛莎平分了位于图拉省克拉比新斯科县的比罗尔沃那块较大的领地；三哥德里特里分到了位于库尔斯克省的谢尔巴乔夫卡村。

与其他几块领地相比，波良纳的收入要少一些，但出于对故土的留恋以及对母亲的怀念，托尔斯泰还是选择了这里。

不久后，托尔斯泰兄妹一起到法院办理了财产分割手续。随后，几个哥哥先后离开了波良纳，小妹妹玛莎也出嫁了。让托尔斯泰感到欣慰的是，在他的再三请求之下，塔基亚娜姑妈留在了亚斯纳亚·波良纳，与托尔斯泰生活在一起。

这时的托尔斯泰，已经是一个拥有1470俄亩土地和330名男性农奴的青年地主了。摆在他面前最主要而直接的问题，就是怎样管理好波良纳庄园。

此后的托尔斯泰以其特有的热情和执著，一心一意投入到治理农庄的事务当中。他购置了脱粒机、播种机等农业机械，办起了农场；他将一部分森林划归农民经营，并取消了对农民的肉体惩罚；他还经常到村里了解农民的生活状况，通过村社大会给贫苦农民一定的救济，等等。

不过，托尔斯泰的这些努力却遭遇到意想不到的阻力。首先是附近的一些地主对他的做法感到不满，认为他是在收买人心；一向对他疼爱有加的塔基亚娜姑妈甚至认为侄子的怪脾气又犯了，因为在她看来，农奴就是下等人，天生就应该给地主当牛做马。

而最令托尔斯泰感到沮丧和不解的是，他做的一切同样没有得到农民的理解。有的农民认为他是个怪人，可以从他身上捞点便宜；有的农民则认为他是个想占便宜的地主；还有的农民更是瞧不起他，认为他年轻、不谙世事。

一年的时间很快就过去了，农民的生活状况依然如故，农庄里的经营管理也是毫无起色，甚至还出现了一派衰败的景象。年轻的托尔斯泰没有意识到，一个社会已经习惯了的生活方式，绝不是一个心地善良、但缺乏经验的地主所能改变的。不改变国家的根本大法——解放农民，就不可能消除农民的贫困、受压迫和愚昧无知的局面。

农事改革的失败让年轻的地主托尔斯泰陷入到矛盾和痛苦之中。他一时无所适从，仿佛精神上出现了一个难以填补的真空。他开始钻研音乐、绘画、法律、医学，甚至整天坐着弹钢琴，可是一种无名的惶

惑仍然不时袭上他的心头。

1848年10月中旬，托尔斯泰将庄园交给妹夫管理，自己离开了亚斯纳亚·波良纳，去了莫斯科。

按照托尔斯泰的最初设想，他一方面是打算到莫斯科准备功课，迎接副博士学位的考试；另一方面是想换个环境，摆脱农事改革失败留下的阴影，寻求一种精神上的解脱。

到了莫斯科后，托尔斯泰住在朋友别尔菲力耶夫家中。别尔菲利耶夫是个自由散漫、交游甚广的贵族。与这样的朋友生活在一起，托尔斯泰很快就将准备考试的事丢在一边，将整个冬天都消磨在莫斯科的社交界中。多年以后，托尔斯泰在回忆这段生活时说：

"我在莫斯科的生活乱七八糟，既没有公务，也没什么正经事，胸无大志。我之所以这样生活，并不像许多人所说所写的那样，认为在莫斯科人人都这样过日子，其实只是我喜欢这样的生活而已。再者，莫斯科上流社会青年人的处境也令人容易懒散。"

在莫斯科无所事事地过了几个月后，托尔斯泰又对自己堕落的贵族生活感到不满了。于是在1849年1月底，他又离开莫斯科，前往彼得堡。

（二）

刚刚到彼得堡时，托尔斯泰感到既新鲜又兴奋，因为这里崭新的环境不仅让他变得勤奋起来，他还遇到了一些旧朋友并结识了一些新朋友。

1849年2月中旬，托尔斯泰在给二哥谢尔盖的信中表示：

"彼得堡的生活对我有巨大的、良好的影响，教我从事活动的本领，并且不由自主地改变了我的时间安排。无论如何，任何人都不能懒散；每个人都有工作，都忙碌；你不能找到一个可以和他一起无目标生活的人，而你要独自那样过是不行的。"

此时的托尔斯泰也渐渐明白：一个人不能光谈理论和哲理，还必须实实在在地生活，即必须先做一个实际的人。他告诉二哥，他打算永远留在彼得堡，先准备彼得堡大学的入学考试，然后留在这里服务。

经过一段时间的认真准备，托尔斯泰以优异的成绩通过了民法和刑法这两门课的考试。可很快，托尔斯泰就又改变了自己的主意，一种新的前程又在吸引着他，他又下决心要"进入骑兵队，当一名士官生"，幻想着两年后（或更短的时间内）成为一名军官。

然而没多久，托尔斯泰再次放弃他的计划，重新过起散漫的贵族生活。一晃5个月过去了，托尔斯泰再次痛感自己在彼得堡"什么有用的事都没做，只是花费了一大堆钱，还负了债"。

托尔斯泰决心离开彼得堡，返回家乡。在回乡途中，他结识了才华出众的德国钢琴家鲁道尔夫，并邀请鲁道尔夫同他一起来到了亚斯纳亚·波良纳。

1849年夏天，回到亚斯纳亚·波良纳的托尔斯泰虚心地向鲁道尔夫学习，全身心地沉浸在音乐天地中。可以说，在托尔斯泰感到苦闷无聊时，才华横溢的鲁道尔夫令他重新振作起来，并给他的艺术天性找到了一条出路。他甚至认为自己能够成为一个伟大的作曲家，因此，他常常接连几小时练习弹钢琴，从各种声音组合中得到灵感。他还试图提出一套理论来，题目都想好了，那就是——《音乐的基本原理及其研究规则》。

这年的11月，托尔斯泰在图拉省贵族代表会议办公厅登记了一个挂名的差事，但也只是个虚职，没什么实际职务。在此后的一年，托尔斯泰经常酗酒、打牌，或者外出打猎，有时还将大把的时间花在练琴和体操上。

与此同时，托尔斯泰对美好人生的向往与追求又让他的内心充满矛盾。在这段时间里，我们可以看到他的日记里有这样一些记载：

"我已经第二天这么懒散了，没有做规定要做的事。为什么呢？我也不明白。但我并未绝望，我会强迫自己去做！"

"我完全像牲口似地打发日子，尽管还没有完全游手好闲，但自己的事业几乎全都放弃了，在精神上也颓废下去了。"

"我浪费了许多光阴。起初迷恋上流社会的娱乐，后来心灵又感到空虚。"

"总而言之，简单一句话，我胡闹够了……"

也许正是不断剖析自己、抱着改变自己的信念，在1850年底，托尔斯泰决定再去莫斯科。他决心重新实实在在地安排好自己的生活。

在日记中，托尔斯泰称自己这次到莫斯科有三个目的：玩牌、结婚和找一份工作。

到了莫斯科后，托尔斯泰租下了一套像样的住宅，想就此定居下来。但是，他的三个目标一个也没有实现。第一个目标是因为他已经开始厌倦了，甚至觉得赌博有些卑劣下流；对于结婚，大哥尼古拉明智地建议他先将这件事搁置下来，要等到条件成熟再说。而最后一件事因客观条件限制和他主观上"又想做许多与此不相容的事"，根本没顾上去办。

一次偶然的机会，托尔斯泰读到了《本杰明·富兰克林传》。在这本书中，他读到这位美国开国元勋有一本特别的记事簿，上面专门记载自己必须加以改正的所有弱点。

这让托尔斯泰很感兴趣，他马上模仿富兰克林的做法。此后每天除了记日记外，他还记"富兰克林日志"，里面按周逐月用表格列出他希望获得的美德和品质，每一项下面都留下一块空白。每天他触犯了哪一项，就在下面的空白处打上一个叉。

在随后的一段时间内，托尔斯泰勤勉地遵守着斋戒，还写了一篇布道稿。他在日记中写道：

"我懊悔极了！我从来不曾有过如此强烈的忏悔心情……我开始信仰宗教，比在乡村时更加笃信！"

（三）

正是在一种对过去的懊悔和改变中，托尔斯泰开始尝试着写点东西。他先是写了一个名叫《茨冈人的故事》的吉卜赛人的故事，随后又模仿斯泰恩《赶上的旅行》写了一部《昨天的故事》。虽然这两篇故事都没写完，但他的第一部公开发表的小说《童年》却是这个时期开始构思的。

值得注意的是，托尔斯泰在开始创作的最初阶段，就曾在日记中提出了文学创作的目的、文学与民众的关系等问题。他写道：

> 拉马丁说，作家们忽视大众文学，而读者多半在人民大众中间。写作的人都为他们生活的那个圈子写作，而人民大众，期间有渴望受教育的人，却没有文学。只要作家不为人民大众写作，人民大众就不可能有文学……
>
> 一切著作想要写好，必须像果戈理在谈他的最后一部小说那样，从作者的心灵中唱出来。……即使一位作者屈尊俯就人民大众的水平，人民大众也不会那样去理解。……人民大众有自己的文学——美好的、无法模拟的文学。它不是赝品，而是从人民大众自己的圈子里唱出来的……

1851年的春天很快就来到了，托尔斯泰非常喜欢这个鹅黄柳绿、鸟语花香的季节，因为春天总是能令他精神振奋。"随着大自然的复苏，使自己也想要新生"。这时的托尔斯泰，迫切地希望改变自己最近几年这种游移不定的生活。

4月初，他从莫斯科回到亚斯纳亚·波良纳。此次回波良纳他还有一个目的，就是为度假期满、即将返回部队的大哥尼古拉送行。

兄弟俩见面后，尼古拉发现托尔斯泰总是一副心神不定的样子，

惶惶不可终日，甚至找不到一件能吸引他的事情来做。尼古拉觉得，托尔斯泰需要彻底改变一下生活环境，于是建议托尔斯泰跟随自己一同到高加索去。

托尔斯泰很快就接受了大哥的建议。后来，托尔斯泰在他的中篇小说《哥萨克》中，借主人公奥列宁决定前往高加索这个情节，描述了自己当时的心态：

> 是为了要孤独，为了要尝一尝困苦的滋味，在困苦中考验自己；为了要经历危险，在危险中考验自己；为了要以劳动来改正自己的错误，为了能一下子摆脱旧的轨道，一切都重新开始，包括自己的生活和自己的幸福……

> 对了，那边才有幸福！他这样肯定，并且怀着憧憬未来的兴奋心情，匆匆地奔向那个他从来都没有去过的地方。

1851年4月20日，托尔斯泰与大哥尼古拉离开波良纳，踏上了前往高加索的旅程。途经莫斯科时，他们在那里停留了两个星期，然后又来到喀山，拜会他们的亲朋好友。

4年后重回喀山，托尔斯泰异常兴奋，因为这里有他的初恋季娜伊达。幸运的是，托尔斯泰在扎格斯金纳的家庭舞会上与季娜伊达重逢，这再次燃起他对这位昔日女友的恋情。后来，托尔斯泰在给妹妹玛莎的信中写道：

"我是那样地为季娜伊达所陶醉，竟令我产生了写诗的勇气。"

但与4年前一样，托尔斯泰依然没有公开向季娜伊达表达自己的爱慕之情。

一周后，托尔斯泰兄弟俩离开了喀山。从此，托尔斯泰再也没有见过这位令他难忘的姑娘。一年后，他在高加索的军营中听到季娜伊达结婚的消息，他"感到很难过"。

托尔斯泰从小在贵族家庭长大，但他从未把自己当成贵族，一生都在同情贫苦人民。为人谦卑的他，对子女要求也非常严格，但从不以激进的方式教育子女，总是用委婉的语气提醒。他最爱的女儿年轻时心气高，常常瞧不起人，有次女儿评价别人说："这人真蠢！"他马上回问道："比你还蠢吗？"还有一次，女儿反感一个追求她的男子，愤怒地责骂那个男子简直叫人无法忍受。他又立即问女儿："他比你还叫人无法忍受吗？"从父亲的话里，女儿懂得了尊重他人的道理。

第五章　高加索的军旅生活

所谓人生，是一刻也不停地变化着的，就是肉体生命的衰弱和灵魂生命的强大、扩大。

——托尔斯泰

（一）

离开喀山后，托尔斯泰兄弟俩先到萨拉托夫，然后再到阿斯特拉罕，一直沿着伏尔加河南下。先是骑马，后来又坐船，一路饱览了这条"俄罗斯母亲河"两岸迷人的风光。

托尔斯泰觉得，这段旅程和这种旅行方式"非常富有诗意和魅力"，"可以写一本书"。晚年时，他还认为这是他一生中度过的最美好的时光之一。

阿斯特拉罕是个港口城市，位于伏尔加河与里海的交汇处。托尔斯泰兄弟俩从阿斯特拉罕坐驿车前往高加索驻地。这时，一直为托尔斯泰所神往的高加索大自然终于拉开了它神秘的面纱。托尔斯泰第一次看到了大山，感到惊心动魄。在他的小说《哥萨克》中，他通过奥列宁的眼睛对此进行了入神的描写：

第二天，清新凉爽的空气把他从驿车上拂醒了。他漫无目的地向右方望去，早晨是透彻的明净。忽然，在距离他二十步开外的地方，乍一看去，仿佛是一群轮廓柔和的雪白的巨大的东西，它们的顶端衬着远方的天空显得奇异的、分明的、轻巧的边缘。当他弄清楚他和山与天空之间离得那么远，群山是那么庞大时，当他感觉到这种美是怎样的无限时，他惊呆了：这怕是幻境、是梦境吧……

三天后，托尔斯泰兄弟俩结束了长达一个月的旅途生活，到达了尼古拉服役的炮兵部队驻地斯塔洛格拉多夫。在当晚的日记中，托尔斯泰写下了对生活的茫然和心中涌动的写作欲望：

"我怎么到这里来了呢？不知道。又为了什么？也不知道。我想写很多东西，写从阿斯特拉罕到这个镇的旅途见闻，写哥萨克人，写鞑靼人的怯懦，写草原……"

在尼古拉部队驻地的附近，有一条水流湍急的捷列克河。在河的左岸有许多原始森林，稍后则散落着一些格列宾哥萨克人的村子，斯卡亚村就是其中的一个。河的右岸地势低洼，长着茂密的芦苇，那里有已经归顺俄国但仍然不平静的车臣人的村庄。距离驻地不远处的森林和峡谷中，还隐藏着许多反抗俄军的山民。

沙俄的军队与高加索山民之间的对峙由来已久。从18世纪起，沙俄就企图兼并东高加索和北高加索地区。到19世纪上半夜，沙俄军队更是加紧了对高加索山民的讨伐。1834年，当地信奉伊斯兰教的车臣人和达吉斯坦人推举沙米尔为他们的宗教和军事领袖，有组织地抗击俄军的入侵，并屡屡获胜。

1845年之后，俄军开始以更大的规模向高加索推进。他们砍伐森林，打开通道，广筑堡垒，步步紧逼，迫使山民躲入深山峡谷之中。

然而，山民们的反抗并没有被镇压下去，这里仍然经常发生山民同哥萨克人、同俄军士兵之间的冲突，气氛十分紧张。

当时，托尔斯泰还不清楚这场战争的性质，只是认为高加索应该属

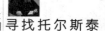
于俄国，俄军对山民的讨伐也是必要的，只是感觉采取的手段过于残酷。他甚至为此还设想了一个"和平政府高加索"的计划。当然，这也只是空想而已。

来到高加索不久，托尔斯泰还跟随一支俄军小分队参加了一次讨伐山民的战斗。在这次夜间偷袭中，双方都有伤亡。

这一切对于托尔斯泰来说，由马尔林斯基等人的小说所激起的浪漫主义幻影很快就破灭了，他开始全身心地融入到一个真实而又多彩的高加索世界中。他热爱高加索那独特又迷人的风光，对哥萨克村民也产生了由衷的好感。

（二）

哥萨克是俄罗斯民族中一个特殊的阶层。在16世纪前后，一些不堪忍受农奴主压迫的农民，以及一些因反抗社会而遭到迫害的人们，陆续逃亡到当时俄国的偏远边疆地区，并在那里定居下来。随着人数的增加，逐渐形成了相对自治的、既务农又习武的群体。

这些热爱自由、具有反抗精神的人们，对沙俄政权构成了很大威胁，俄国历史上两次最大的农民起义领袖拉辛和普加乔夫都来自顿河哥萨克地区。从叶卡捷琳娜二世开始，沙皇政府对哥萨克采取了收买的政策，为哥萨克各级军事首领封官晋爵，并免去所有成年哥萨克男子的赋税。但是，他们必须服兵役。这样一来，哥萨克反而成为沙皇政府对内镇压起义、对外扩张的工具。

高加索一带的哥萨克人是从顿河迁居来的，他们与当地的山民相处融洽。但沙皇政府为讨伐山民，将哥萨克也拉入战斗，导致哥萨克与山民的关系也紧张起来。不过，如托尔斯泰所写的那样，"哥萨克对杀死他们弟兄的山民骑手的憎恨，还不如对驻在那里保护他们村庄

的、但抽烟熏臭了他们房子的俄罗斯士兵的憎恨来得强烈。他们敬重
敌人——山民，但蔑视俄罗斯士兵，视他们为外人和压迫者"。

哥萨克人往往具有诚实质朴、粗犷善战、勇敢豪放的性格。托尔斯
泰在高加索结识的叶皮什卡老人，就是典型的下层哥萨克人。后来，
托尔斯泰将他作为叶罗什卡大叔的原型写入他的小说《哥萨克》中。

叶皮什卡是尼古拉的房东，村里人都称他为叶皮什卡大叔。托尔斯
泰兄弟都很喜欢他，爱听他唱歌和弹三弦琴，更喜欢他一边喝酒，一
边滔滔不绝地讲述过去的经历和昔日哥萨克的生活。

很快，托尔斯泰就与叶皮什卡大叔成了朋友，两人经常一起喝酒聊
天，一起外出打猎。在谈到自己的人生时，叶皮什卡大叔说：

"我一生中从来没有忧伤过，将来也不会忧伤……人死了，不过
是坟头长草。死期到了，我就去休息，不再打猎；而活着时，我就唱
歌、游逛，让心情舒畅。"

老人与大自然的接近和豁达的生活态度，给托尔斯泰留下了深刻的
印象。后来托尔斯泰在离开斯卡亚村时，与老人深情话别，还送给老
人一件饰有丝带的大衣。

在高加索时，托尔斯泰还认识了一位年轻的小伙子萨多·米歇尔比
耶夫。萨多出生于富裕家庭，他的父亲非常富有，但又相当吝啬，宁
可把钱藏在地窖里，也不给儿子。萨多需要钱时，就到敌人那里去偷
马匹和牛。他这样做并不是贪心，而是因为这是"首要之事"。最大
的强盗，反而最受尊敬，所以萨多还被他周围的人称为勇士。

萨多经常到托尔斯泰所在的军营中玩牌，那些俄国军官们总是捉
弄他。托尔斯泰看不过去，多次帮他识破骗局，因此赢得了萨多的信
任，两个人也结交为好友。

托尔斯泰刚到高加索不久，就因为赌博而输了一大笔钱。由于当时
无力全额偿还，他只好开具期票。在高加索，托尔斯泰经常因为债务
而苦恼，甚至打算拍卖掉波良纳的部分产业来还债。

这件事不知怎么被萨多知道了。几天后，托尔斯泰收到了大哥尼古拉的来信，尼古拉在信中告诉他：

"萨多前几天来看过我，他从诺林那里赢到了你的期票，把它们带给了我。他非常高兴，并且不断问我：'你觉得怎么样？我这样做，你弟弟会不会高兴？'他对你真是很有情义，我现在非常喜欢他了。"

这件事让托尔斯泰非常感动，他始终都不能忘记这位勇敢、爽直、赤诚相待的朋友。

（三）

在高加索与大自然和普通人的接近，让托尔斯泰对生活有了全新的认识。他曾经生活过的贵族社会似乎已经离他远去，他开始相信，"幸福的生活就在大自然中"，像普通人那样生活。当时的托尔斯泰甚至严肃地考虑过，要"扔掉一切，在哥萨克人中间落户，买一所小房子和几头牲口，娶一个哥萨克姑娘为妻"。可以说，这正是托尔斯泰平民化思想的发端。

但是，托尔斯泰的出身、地位和过去生活的经历，让他又不可能完全与普通哥萨克人的生活融在一起，他的美好愿望只能是个幻影。

在这种矛盾的心态之下，托尔斯泰决定参军，到军队中去建功立业。于是在1852年1月，他正式入伍，成为一名炮兵军士。同年3月，托尔斯泰获得了士官的任命书。

然而，军队的生活并没有给托尔斯泰带来真正的快乐。他周围的那些军官大多粗野放荡，整天酗酒、赌博，过着糜烂的生活。托尔斯泰虽然偶尔也放纵一下自己，但在精神上却与那些人格格不入，内心十分孤独。而那些军官们也将他视为怪人，当年一位曾与托尔斯泰共事的军官回忆说：

"他很高傲，别人都在饮酒作乐，他却一个人坐在一旁看书。以后，我还不止一次看到他——他还是在看书。"

在那个时期，托尔斯泰确实看了不少书，也思考了许多问题。他仍然坚持着过去那种自我剖析的习惯。可以说，年轻的托尔斯泰仍然在顽强地提高自我和探索人生。

对托尔斯泰来说，在高加索生活的几年中，最大的收获就是确立了他毕生都要为之奋斗的事业——文学创作。这一时期，他除了大量阅读作品和随时记录高加索的生活印象之外，开始将更多的精力投入到写作之中。

在刚到高加索一个月时，他就在自己的日记中记录道：

"明天开始写一部长篇小说。"

托尔斯泰所说的这部"长篇小说"，就是他在莫斯科时就已着手构思和动笔的《童年》。此后一年，他一直都在认真地进行创作。

托尔斯泰给自己制订了一些创作原则，如不用善良、聪明、愚蠢等抽象概念去描写人的性格，而是从活生生的印象中去写具体的人。在创作时，也必须真诚，声音要发自自己的肺腑，哪怕这种声音是最平凡的，这样才具有打动人心的力量；必须删掉作品中一些不清楚、琐碎和不恰当的地方，即使它看起来很不错；必须抛弃写作不加修改的念头，多改几遍也无妨；等等。

《童年》的写作并不顺畅，托尔斯泰总是感觉有不满意的地方，有时甚至认为"写得简直太差了！文字太粗，思想太少，还有无法原谅的空洞"；然而有时他又心花怒放，觉得"写得不错，有不少精彩的地方"。

1852年7月2日，在四易其稿后，《童年》这部小说终于完成了。第二天，托尔斯泰就将稿子寄给了彼得堡最好的月刊《现代人》杂志编辑部，作者署名是"列·尼"。他在给杂志主编、诗人涅克拉索夫的信中说：

"我翘首盼望您的裁定，您的裁定要么是鼓励我继续从事我所热爱的事业，要么就是让我将我的全部手稿付之一炬。"

　　等待是煎熬的，托尔斯泰每天都度日如年。8月29日，托尔斯泰终于收到了涅克拉索夫的回信。信中写道：

> 　　作品已经拜读。它写得十分有意思，因此我决定采用。……在我看来，作者是有才华的。无论如何，作者的思想倾向、故事内容的质朴和真实性都是这部作品不可多得的优点……
>
> 　　所以，我请求您将续稿寄给我。无论是您的小说或是您的才华，都引起了我的兴趣。我还建议您，不要再用简写字母来掩盖自己，请干脆用您自己的真实姓名来发表文章，如果您不是一位偶临文坛的过客的话。

　　这封回信让托尔斯泰欣喜若狂，他甚至在收到编辑的来信后，"兴奋得像个傻子"。毫无疑问，作为当时俄罗斯文学界享有盛名的著名诗人和杂志主编，涅克拉索夫诚挚和恰如其分的评价与鼓励，有力地消除了长期以来托尔斯泰对自己文学才华的疑惑，也坚定了托尔斯泰从事文学创作的决心。

　　不久，《现代人》杂志第九期（1852年11月版）上就刊出了托尔斯泰的小说《童年》，题目改为《我童年的故事》。

　　小说一经刊出，立即在俄罗斯引起很大的轰动，许多报纸和杂志都纷纷刊登文章赞扬。《祖国记事》杂志的一篇文章说：

　　"如果这是列·尼先生的第一部作品，那么，不能不祝贺俄罗斯文坛上又出现了一位出众的才子。"

一天，托尔斯泰在圣彼得堡广场上散步，忽然看到一个乞丐，衣衫褴褛，托尔斯泰就给他一些钱。有人告诉托尔斯泰，说那个乞丐是个骗子。托尔斯泰说："我不是捐钱给他，我是捐给道义！"

第六章　战争期间开始文学创作

　　不要把学问看做是用来装饰的王冠，也不要把学问看做是用来挤奶的奶牛。

——托尔斯泰

（一）

　　《童年》的成功，大大激发了托尔斯泰的创作欲望。此后，他的创作热情一发而不可收，新的题材不断在脑海中涌现，形象也日渐鲜明，一些意念逐渐变成结论。

　　1852年秋冬时节，托尔斯泰的手头已经有好几个写作计划了。他想写高加索的生活，将自己在高加索的所见所闻诉诸文字；他想写正在进行的战争，描述自己参与战斗的真实感受；他还十分想"开始写那个决定坚决写下去的续篇——《少年》"。

　　在后来的日子里，这些设想陆续变成现实。当时，他最先完成的是短篇小说《袭击》，刊载于《现代人》杂志1853年第三期上。

　　小说以作者亲身经历的一次战斗为情节基础，成功地塑造了一些不同类型俄国军人的形象，抨击了毫无意义的残杀。

　　这篇小说再次获得了涅克拉索夫的高度评价。他在致俄罗斯著名现实主义作家屠格涅夫的信中写道：

　　"这是俄国文学中前所未有的杰作，多么美妙啊！"

　　在1852年冬到1854年春，托尔斯泰还完成了短篇小说《台球房记分员笔记》，以及《一个俄国地主的故事》《逃亡者》《圣诞节之夜》《伐林》等作品。不过，他还是将主要精力投入到《少年》的创作中了。因为托尔斯泰认为，"写《少年》像写《童年》一样兴致勃勃，希望写出来也一样好"，要写出"那些生动而牢固地留在我记忆中的东西"。

　　1854年4月，这部倾注了托尔斯泰很大热情的作品终于完成了。随后，他将这部作品寄给涅克拉索夫，并刊载在《现代人》杂志该年的第十期上。

　　在这部作品中，作者以卓越的技巧描写了主人公伊尔切耶夫的精神成长过程。同样，这部作品也在社会上引起了巨大反响。屠格涅夫在一封信中写道：

　　"《少年》的成就让我感到十分高兴，……我坚信，他还会创作出更多让我们所有人都惊异不已的作品来。他是一位一等的天才。"

　　这时，托尔斯泰已经对高加索的军队生活越来越厌倦了。他想自由自在地从事文学创作，因此也非常怀念亚斯纳亚·波良纳的田园生活。

　　在1853年3月底，托尔斯泰递交了退役申请。但仅仅半个月后，形势出现突变，俄国对土耳其宣战。6月，沙俄出兵占领了土耳其控制的摩尔达维亚和瓦拉几亚。克里米亚战争爆发了。

　　由于这场战争，军队中所有的退役和请假申请都被搁置下来。于是，托尔斯泰又打了报告，要求调往多瑙河地区的作战部队。这次他的要求被批准了。

　　1854年1月，托尔斯泰结束了他两年的高加索军队生活。这段经历在托尔斯泰的人生道路上留下了深深的印迹，正如托尔斯泰本人所说的那样，高加索对于他而言是一所生活的学校，"那时我所探索到的一切就永远成为我的信仰了"。

（二）

在前往多瑙河部队报到之前，托尔斯泰决定先回一次故乡。高加索距离波良纳有2000多千米，当时正值严冬季节，东欧平原上到处都被冰雪所覆盖，令这一段回乡的跋涉格外艰难。

有一次，托尔斯泰在顿河平原上遇到了暴风雪，马车迷了路，漫无目的地在风雪中走了一夜，处境十分危险。直到天亮后，他才在附近找到一个驿站。后来，根据这一夜的遭遇，托尔斯泰写成了小说《暴风雪》。

两周后，托尔斯泰困顿不堪地回到了亚斯纳亚·波良纳。这时，他得知自己已经晋升为准尉。虽然年轻时的托尔斯泰渴望成为一名军官，但如今他对这一切看得却很淡了。

托尔斯泰的归来，让塔基亚娜姑妈欣喜万分。三年不见，托尔斯泰已经发生了巨大的变化，不仅外貌变得结实了，心理也像个成年人了。而且，他还发表了作品，获得了好评；更为重要的是，他当上了军官，有了地位。

几位兄长和一些亲友听说托尔斯泰回来后，也纷纷来到波良纳庄园与他见面。而后，托尔斯泰又与哥哥们一起到莫斯科拜会了一些老朋友。从莫斯科回来后，他又去波克罗夫斯基科耶庄园看望妹妹玛莎和妹夫以及几个外甥，并在那里见到了比拉盖亚姑妈。

回到自己心爱的庄园，与阔别多年的亲人团聚，这一切令托尔斯泰的内心充满了喜悦和对往事的甜蜜回忆。

在家乡住了一个月后，托尔斯泰于1854年3月初启程前往多瑙河部队报到。这是一段更加漫长和艰难的旅程。经过几千千米的长途跋涉后，托尔斯泰于3月中旬到达布加勒斯特。

稍事休息后，托尔斯泰就赶赴第十二炮兵旅的驻地奥尔特尼查。

不过，他只在这里待了两周，随后就被调往布加勒斯特担任司令部的传令官。

在五六月间，托尔斯泰又随司令部来到西里斯特里亚，准备参与攻击该地区由土耳其人占领的要塞的战斗。但不久后，沙俄便因奥地利和法国的压力，被迫下令撤出对该要塞的包围。托尔斯泰并不清楚这件事的幕后交易，因此对放弃这次必胜无疑的战斗感到相当失望。

虽然身处前线，但托尔斯泰在布加勒斯特却度过了几个月十分平静的日子。在那段日子中，他阅读了不少文学作品，如巴尔扎克、萨克雷、斯托夫人的小说，普希金、海涅、歌德等人的诗，席勒、奥斯特洛夫斯基的剧作等。

不过，这期间托尔斯泰在创作时却是"一筹莫展"，即使写一点东西出来，他也常常感到不满意。造成这一状况的原因，除了他的健康状况不佳外，主要是他又开始赌博了。为此，托尔斯泰的内心处于十分矛盾和痛苦之中。

9月初，托尔斯泰被晋升为中尉，调往基什尼奥夫。在基什尼奥夫期间，托尔斯泰曾试图与他人一起合办一个名叫《士兵之页》的刊物。按照托尔斯泰的设想，这将是一个不同于官方刊物的、能真正"表达我们军界的思想倾向"，并在"价格和内容"上能为士兵所接受的军事杂志。

为了筹集经费，托尔斯泰甚至让领地总管瓦列里安将波良纳庄园中他出生的那幢三层木质楼房卖掉了。因为在他看来，出版军人刊物是一件非常有意义的事，而且刻不容缓。

但最终，杂志因沙皇政府的禁办而夭折了。为此，托尔斯泰感到非常气愤和痛心。后来在一次赌博中，托尔斯泰竟然将卖房汇来的1500卢布全部输光了。这让托尔斯泰又一次懊悔不及。

（三）

这时，克里米亚战争已经进入一个新的阶段。战争的中心在克里米亚半岛俄国重要陆海军基地塞瓦斯托波尔。11月7日，托尔斯泰被调往塞瓦斯托波尔，担任第三轻炮连的连长。

塞瓦斯托波尔是俄国重要的海军基地和在黑海方面的屏障，这里战事的成败决定着俄土战争的命运，因此战事十分激烈。

托尔斯泰一来到这里，就被强烈的爱国热情所吸引了。他在给二哥谢尔盖的信中写道：

> 军队的士气十分高昂，非笔墨所能描述，就连古希腊时代也不曾有过这样的英雄主义。科尔尼洛夫在巡视部队时，他不是赞扬："兄弟们，打得好！"而是说："要拼命！弟兄们，你们敢拼命吗？"队伍立刻就高声喊道："我们敢，大人！"

> 我们这样说，绝不是装模作样，因为从每个人的脸上都能看出，这不是戏言，而是肺腑之言。而且，已经有2.1万人履行了自己的誓言。

> 有一个垂死的伤兵，告诉我他们怎样占领了法军的第二十四号炮台，可是没有增援部队。说着说着，他就痛哭起来。一连的水兵冒着敌人的炮火在一个炮台上坚守了30天，当上级要将他们撤换下来时，他们几乎要造反！士兵们从落在地上的炮弹中拔出信管；妇女们纷纷给士兵们送水；神父们举着十字架走上棱堡，迎着炮火诵读祈祷文。在第二十四旅中，就有160名伤员不肯离开前线。这可真是一个了不起的时代！

士兵的爱国激情让托尔斯泰深深地震撼。但与此同时，他也发现了俄国现存制度和军队内部的腐败，这让他感到痛心疾首。他在同英法军队的俘虏交谈后感到，俄国军队落后于对方的不仅是武器装备和训练手段，更主要的是精神面貌和文化素质。因此，托尔斯泰断言：

"俄国要么必定败亡，要么必定彻底革新。"

1855年1月，托尔斯泰又被调往驻守在别尔别克河畔的第十一炮兵旅第三炮兵连。刚到驻地不久，他就接到了沙皇更迭的消息。沙皇尼古拉一世去世，新皇亚历山大二世登基，让托尔斯泰感到兴奋，他对亚历山大二世的上台抱着某种希望。他觉得，俄国即将发生伟大的转变，所以必须努力工作，振奋精神。

为此，托尔斯泰立即着手拟定军队的改革方案。虽然这篇手稿未能完成，但托尔斯泰却认真地分析了俄国战事节节失利的原因，尖锐地抨击了军队内部的腐败现象，并提出了自己的改革设想。

与此同时，托尔斯泰又产生了新的创作欲望。他夜以继日地写作《青年》和《塞瓦斯托波尔的白天与黑夜》。后来，《塞瓦斯托波尔的白天与黑夜》改为《十二月的塞瓦斯托波尔》，在该年第六期的《现代人》杂志上刊出。

4月7日，托尔斯泰所在的连队被调到塞瓦斯托波尔最危险的第四棱堡，并在那里度过了一个半月。

就在与敌军相距咫尺的前线阵地上，托尔斯泰参加了一次又一次激烈的战斗，其中还包括5月1日的一次异常残酷的大会战。

在战斗的间歇，托尔斯泰给士兵们讲故事，教他们唱歌，缓解了战场上士兵们的紧张情绪。托尔斯泰在塞瓦斯托波尔的一位同僚说：

"托尔斯泰讲的故事和谱写的歌词，在艰苦的战斗时刻鼓舞了我们每一个人。他是堡垒中名副其实的灵魂。"

（四）

    1855年8月5日，英法等国的联军开始向塞瓦斯托波尔发起猛攻，并于8月27日占领了马拉霍夫高地，俄军被迫撤退，托尔斯泰和他的炮兵连一直坚持到最后。

    后来，托尔斯泰在写给塔基亚娜姑妈的信中说：

    "28日，我过生日的那一天，……当我目睹了火焰围困中的城市，看到法国的旗帜乃至法国军官在我们的棱堡中时，我哭了。"

    此后不久，托尔斯泰在创作的一部小说《1855年8月的塞瓦斯托波尔》中，这样描写了塞瓦斯托波尔失守时的情景和士兵们的心情：

    在塞瓦斯托波尔棱堡的整条战线上，多少个月来一直沸腾着斗志昂扬的生活，多少个月来都令敌人恐惧、憎恨，乃至于钦佩的塞瓦斯托波尔的棱堡上，现在已经看不到人影了。一切都是死气沉沉的、荒漠的、可怕的——但并不沉寂，破坏仍在进行……

    塞瓦斯托波尔的军队像黑夜中波动的大海，汇合、分散，忧心忡忡地挤成一堆，在海湾的浮桥上，在北部，在伸手不见五指的黑夜中，慢慢地移动着，离开这个留下了这么多勇敢的弟兄们的地方，离开这个他们洒遍了热血的地方，离开了11个月来一直抵抗着力量两倍于我们的强敌，而现在却奉命不战而退的地方……

    然而，这篇小说在刊载后，其真实性和尖锐性使沙皇检查机关十分害怕。为此，他们对小说作了肆无忌惮的删减，有的部分被弄得面目全非，以致编辑部在发表时都不愿意再署上作者的名字。

    托尔斯泰知道这件事后，非常气愤。他在日记中写道：

　　昨天有消息说，《夜》（指《1855年8月的塞瓦斯托波尔》）被歪曲得不成样子，并且发表了。看来蓝衣党（指宪兵）很注意我，因为我写了那些文章。但愿俄国能时时都有这样重道德的作家。我无论如何不可能做一个说甜言蜜语的作家，也不可能去写没有思想，主要是没有目的的无聊的空话。

　　俄土战争的失败，导致了社会矛盾的激化。受社会情绪的感染，托尔斯泰产生了不少新的想法。他想改变自己与领地农民的关系，想"创立一种与人类发展相适应的新宗教"，更想全身心地投入到文学创作中去。

　　对于托尔斯泰的这一想法，屠格涅夫非常支持。他在给托尔斯泰的信中说：

　　"您的天职就是成为一名文学家、思想家和语言的艺术家。您的武器是笔，而不是军刀。"

　　1855年11月，已经晋升为中尉的托尔斯泰以军事信使的身份前往彼得堡。尽管当时托尔斯泰还未脱下军装，但他的戎马生涯实际上已经至此结束了。

第七章　农奴改革失败

> 不知道并不可怕和有害，任何人都不可能什么都知道，可怕的和有害的是不知道而假装知道。
>
> ——托尔斯泰

（一）

1855年11月19日早晨，托尔斯泰到达了彼得堡。由于托尔斯泰的妹妹玛莎与屠格涅夫相识，并在信中做了安排，所以托尔斯泰决定先去拜访一下屠格涅夫。

两个人一见面，就紧紧地拥抱在一起。虽然这是他们的初次会面，但彼此对对方的作品都已十分熟悉，并相互景仰。

当天，托尔斯泰还在屠格涅夫的陪同下拜访了涅克拉索夫。在涅克拉索夫家中，三人一起吃了晚饭，并一直谈到晚上8点多。

托尔斯泰不想在彼得堡定居，只想住一个月，认识一些彼得堡的作家，屠格涅夫邀请托尔斯泰住在自己的寓所。这样，托尔斯泰初到彼得堡期间就住在屠格涅夫家里。

在屠格涅夫和涅克拉索夫的介绍下，托尔斯泰很快就结识了一大批驰名文坛的诗人、剧作家、小说家和文学评论家，比如皮谢姆斯基、德鲁日宁、奥斯特洛夫斯基、车尔尼雪夫斯基、格里格洛维奇、费特等。当然，其中最为出类拔萃的还是屠格涅夫，那时他已经蜚声俄国

文坛了。托尔斯泰与这些人中的不少人都成了好朋友，相交甚笃。

托尔斯泰最初给大家的印象是不错的。比如在11月21日，涅克拉索夫在给鲍特金的信中就写道：

"托尔斯泰已经来了。他是个非常可爱的人，也是个非常聪明的人。他亲切可爱，朝气蓬勃，优雅大度，是个鹰一般的青年！我觉得，他的人品要比他写出来的东西更高超，尽管他的作品已经很出色了。他充满了朝气，而且温文宽厚，他的目光使人感到舒服。我十分喜欢他。"

然而，也许是刚刚从紧张的战争回到轻松和平的环境中，也许是为弥补在高加索和塞瓦斯托波尔的损失，托尔斯泰在到彼得堡后，又开始频繁地出入社交界，或周旋于上流社会的客厅，或通宵达旦地在吉普赛人家喝酒，或到贵族们出入的娱乐场所看戏、跳舞、听音乐。

托尔斯泰的这种放浪形骸的生活令包括屠格涅夫在内的许多文友颇感失望。诗人费特后来回忆说：有一天的上午10点多，他到屠格涅夫家里拜访，看到托尔斯泰正在客厅里酣睡。为了不吵醒托尔斯泰，两个人只能压低声音说话。屠格涅夫面带嘲讽的笑容说：

"你看，他几乎天天如此。自从从塞瓦斯托波尔回来后，他住在我这里，开始沉湎于荒唐的生活。狂饮、赌博，通宵达旦！回来后，倒头便睡，一直睡到下午2点。我曾竭力劝过他，可如今我已不再抱任何希望了。"

不过，尽管如此，屠格涅夫还是认为托尔斯泰"的确有许多可敬之处……如果他不糟蹋自己的天才，那么，他就会不知不觉地把我们这些人远远地抛在后面"。

而托尔斯泰可贵之处，也在于他不断地、无情地剖析自己，锲而不舍地要求自己在道德上追求完美。他在当时的日记里就曾说过：

"我的主要弱点是懒惰、不整洁、好色、爱赌，要加以克服。"

他对自己在彼得堡的这段生活也是十分不满意的。他在回忆录中说：

"在这段时间里，我的所作所为都是极其丑恶的。我在彼得堡出入交际场所，满怀虚荣心。"

甚至到了晚年，他也不愿回忆起这段生活。

（二）

1856年1月，托尔斯泰在彼得堡无忧无虑的生活被打断了。从奥勒尔的来信得知，他的三哥德米特里染上了肺痨，生命垂危。

托尔斯泰急忙离开彼得堡，赶往奥勒尔。一路上，他的心情极其沉重。托尔斯泰与三哥的感情非常深厚，并且对他的品德极为尊重。德米特里同情弱小者，反对农奴制度，希望能够造福他人。但他的性格又比较古怪，曾不顾当时社会和家庭的反对从妓院中赎出一个姑娘，并与其结婚。不久，他就患上了肺痨，回到乡下，一直在奥勒尔养病。

当托尔斯泰赶到奥勒尔时，德米特里已经被病痛折磨得脱了形。他不停地咳嗽、吐痰，可他又不相信自己会死亡。托尔斯泰给他带来了一个据说能创造奇迹的圣象，希望它能给自己的哥哥带来好运。

不过，托尔斯泰并没有在奥勒尔等到德米特里去世，他在那里住了几天后便返回了彼得堡。2月2日，托尔斯泰刚回彼得堡不久，就传来了德米特里去世的消息。

这个消息给托尔斯泰的触动很深。他在当天的日记中写道：

"从明天起，要珍惜时光，以便在回首往事时心中坦然。"

此后，托尔斯泰重新投入到文学创作中。在这期间，除了继续写作几部未完成的作品外，托尔斯泰还创作了小说《暴风雨》和《两个骠骑兵》，并分别在《现代人》杂志该年的第四期和第五期发表。

这两部小说再次赢得了好评。赫尔岑称《暴风雪》简直就是个"奇迹"；车尔尼雪夫斯基则对《两个骠骑兵》倍加赞赏。

与此同时，托尔斯泰与彼得堡文学界的朋友们继续保持着频繁的交往。1856年2月，他还建议所有与《现代人》杂志合作的作家合影留念。这些作家包括屠格涅夫、冈察洛夫、奥斯特洛夫斯基、德鲁日宁、格里格洛维奇和托尔斯泰。这张合影也为后人留下了弥足珍贵的纪念。

　　遗憾的是，托尔斯泰与屠格涅夫的关系逐渐出现了裂痕。屠格涅夫以温文尔雅的西欧气质著称。他虽然只比托尔斯泰年长10岁，但对托尔斯泰却怀有一种父子般的感情，一直想保护和帮助这位初出茅庐的年轻作家。但是，自幼失去双亲的托尔斯泰年轻、急躁，不希望受到任何羁绊，更不能忍受一些虚礼俗套。所以，他接受不了屠格涅夫对他的那种居高临下的态度；而屠格涅夫对托尔斯泰那些与社会舆论和传统以及通常的礼节相抵触的轻率言论也感到不满。

　　在朋友们当中，谁说话最有权威，托尔斯泰就越强烈地与其发表相左的意见，并同对方进行激烈的争论。一般情况下，托尔斯泰开始时不发表议论，而是静静地听对方说话。等对方说完了，他就接连迸发出出人意料的见解，令对方张口结舌，不知所措。有时，托尔斯泰的话近似粗鲁，在情绪激动时，他甚至会说出很不中听的话。

　　托尔斯泰的激烈言论激怒了屠格涅夫和不少同仁，就连涅克拉索夫都觉得无法接受了。涅克拉索夫认为，这是因为托尔斯泰的身上还留有"贵族和军官影响的痕迹"；屠格涅夫认为，这是由于托尔斯泰缺乏教养；巴纳耶夫则认为，这是托尔斯泰摈弃一切传统的表现。

　　虽然托尔斯泰的一些做法有欠公允，但也只是他基于自己对生活和艺术的各种认识而提出的看法而已，他的态度是真诚的。而且，托尔斯泰是直指弥漫文坛的对权威的盲从、自诩为导师的虚伪和夸夸其谈的作风的。也正因为如此，不少文坛人士对托尔斯泰逐渐有了更深一层的了解，并且"对他的仰慕之情默默地、不知不觉地日益加深了"。

（三）

　　1856年3月间，新沙皇亚历山大二世在向贵族致辞时说，农民的解放总有一天是要实行的，"与其将来自相而上，不如现在自上而下"。所以在内政部，逐渐解放了个别地主所有农奴的计划，拟定并

获得了批准。而托尔斯泰是第一批想尽办法实施这一计划的人。

4月22日，托尔斯泰在他的日记中写道：

"我和我的农奴的关系开始让我烦恼了。我感到必须学习、学习、再学习。"

可农奴到底如何解放？托尔斯泰也并不清楚。当时他还在彼得堡，23日晚上，他就去请教了历史学家、法学家，彼得堡大学的教授卡维林。

卡维林是一位农奴解放的赞助者，他关于将土地分给农民、地主相应地获得酬金的主张对托尔斯泰很有启发。

托尔斯泰从卡维林那里拿回了大量关于农奴制的材料。4月24日，根据卡维林的主张，托尔斯泰制订了一个方案。25日，又去找后来成为著名农民问题改革活动家的米柳京。在米柳京那里，他又打听到许多情况，并得到了一份解放农奴的方案。就农奴解放的一些具体问题，托尔斯泰当天便写信给内务大臣助理列夫申。

5月6日，托尔斯泰再次拜访了米柳京，米柳京答应设法使列夫申接见他。5月10日，托尔斯泰写好了给列夫申的报告，并陈述了其解放亚斯纳亚·波良纳农奴方案的要点。

5月12日，托尔斯泰在米柳京的带领下拜访了列夫申。列夫申告诉他，他已将托尔斯泰的报告向大臣报告过了，大臣说：如果托尔斯泰能提出详细的方案，他将尽量予以批准。

这个结果给了托尔斯泰很大的信心，他决定继续研究方案。

5月16日，托尔斯泰得到休假，第二天就去了莫斯科，并在那里逗留了10天。在莫斯科，他拜访了著名作家鲍特金，并结识了《祖国记事》杂志的编辑们。

在老朋友康斯坦丁的陪同下，托尔斯泰和朋友们一起驱车前往莫斯科近郊的格列鲍沃·斯特列涅沃庄园，探望了康斯坦丁的姐姐、托尔斯泰儿时的女性好友吕波芙。这时，她已经成为宫廷医生贝尔斯博士的妻子，并有了三个女儿：莉莎、索尼娅和塔尼娅。

在日记中，托尔斯泰记下了对这几个女孩子的初步印象：

"在吕波奇卡·贝尔斯那里吃饭，姑娘们伺候着我们，这是多么热情、多么可爱的少女啊！"

托尔斯泰没有想到，6年之后，这些快乐的少女中的第二个成为了他的终身伴侣。

5月27日，托尔斯泰因为挂念亚斯纳亚·波良纳的农奴问题，便急着返回故乡，去实现他热衷的解放农奴的事业。

第二天，托尔斯泰回到亚斯纳亚·波良纳后马上就召集村民大会，公布了他的解放农奴方案。他的方案大致内容是：免除农奴的一切徭役贡赋，将土地分给农奴，每户约可分4.5俄亩（约合12英亩），其中0.5俄亩不收费，其余4俄亩则每俄亩由农奴支付150卢布，30年付清，以后土地就完全归农奴所有。由村社负责收款，如有拖欠，地主可收回若干土地，也可由农奴做工补偿。农奴只要在合同上签字，即可立刻获得自由。

一开始，农民们都很高兴，托尔斯泰也觉得事情进展得很顺利。可几天后，情况起了新变化，农民们对托尔斯泰的方案开始迟疑了。因为当时农民们听到谣言，说到沙皇亚历山大加冕之日，农奴无需签约就可全部获得自由。所以，他们都认为托尔斯泰的计划是别有用心的圈套，是为了事先用契约捆住他们的手脚。

尽管托尔斯泰极力向农奴们解释自己的诚意，但却没人相信他。托尔斯泰失望了，他在日记中写道：

"他们不想要自由。他们的固执让我生气，我好不容易才压住自己的怒火。"

由于农奴们坚决不肯在合同上签字，托尔斯泰的计划成了泡影。农奴改革的再次失败也让托尔斯泰更加深刻地认识到农民和地主之间那难以逾越的鸿沟。

第八章　出国游历

　　个人离开社会不可能得到幸福，正如植物离开土地而被扔到荒漠不可能生存一样。

——托尔斯泰

（一）

　　解放农奴的失败，让托尔斯泰再次陷入痛苦之中。此时他感到，医治他心灵创伤和让他的生活走向正轨的唯一方法，就是结婚。

　　可是，要和谁结婚呢？多年的散漫生活总是让他心有余悸。但一直这样下去也不是办法，总要试试才行吧。

　　塔基亚娜姑妈很赞同托尔斯泰的想法，她很快就替托尔斯泰物色好了一个对象。她就是离波良纳不远的阿尔谢尼耶夫家中的大女儿瓦列莉亚。

　　阿尔谢尼耶夫家的庄园距离波良纳只有7俄里，那是一座古老而舒适的庄园。这年夏天，托尔斯泰与瓦列莉亚开始频繁接触。然而几乎从他们交往的第一天开始，托尔斯泰就对瓦列莉亚的一些方面，特别是某些品行方面感到不太满意。

　　正当托尔斯泰犹豫不决时，他看到了瓦列莉亚从莫斯科给塔基亚娜姑妈写来的信。信中谈到了他们参加沙皇加冕典礼时的痛快感受，以

及对沙皇侍从官的良好印象等。

托尔斯泰读完信后，颇感气恼。他立即以嘲讽的口吻给瓦列莉亚写了一封信，告诫她大可不必将华丽的衣着、上流社会和朝廷的侍从官等视为自己至高无上的幸福，因为上流社会有许多"恶劣的东西"。"你明明不是上流社会的人物，你和它的关系只是依赖你那漂亮的脸蛋儿和带花的连衣裙，这绝对不会愉快，也不会庄重。至于朝廷中的副官们……我确实知道其中只有两个不是流氓、不是傻子，从他们那里又能得到什么快乐呢？"

此后，瓦列莉亚几次想恢复与托尔斯泰的关系，但都未能成功。不久，她就出嫁了。

1856年时，俄国社会尖锐的思想斗争在文艺界引起了强烈的反响。托尔斯泰再次来到彼得堡后，发现《现代人》杂志社同仁们之间的矛盾已经表面化了。

《现代人》杂志因一直以来坚持进步的文学方向，在读者中享有很高的声望，并吸引了许多才华横溢的作家。但是，杂志同仁以德鲁日宁为首的贵族自由派和以车尔尼雪夫斯基为首的革命民主派产生了严重的思想对立。不久，德鲁日宁退出《现代人》杂志，另行创办了《读者文库》，使之成为与《现代人》对立的贵族自由派阵地。

这时，托尔斯泰虽然同情农奴，主张进行农奴改革，但他依然十分强调维护贵族地主阶级的利益，因此无形当中也与德鲁日宁等人更为接近。在德鲁日宁的影响下，托尔斯泰也一度站在革命民主主义作家的对立面，认为他们的不妥协态度过于尖刻和凶狠；他还与德鲁日宁一样，怀疑进步的俄国文学方向。

作为一位影响很大的年轻作家，托尔斯泰的言行引起了俄国进步文学界的不安，车尔尼雪夫斯基非常担心托尔斯泰的才华会毁于那些"文学上的美食家"之手。因此，他觉得应尽可能争取托尔斯泰，"对他取得一定的影响力，而这无论对他或者对《现代人》来说都是

件好事"。

在1856年第12期的《现代人》杂志上，刊载了车尔尼雪夫斯基对托尔斯泰小说的长篇评论。在这篇文章中，车尔尼雪夫斯基高度评价了托尔斯泰的艺术才华，准确地揭示了他的创作特点，并有力地驳斥了将托尔斯泰说成是"纯艺术的爱好者"的观点。

在文章的结尾，车尔尼雪夫斯基还用抒情的语调写道：

> 拥有这种才华是一个生命力充沛的年轻人，他有远大的前程——在前进的道路上，他会遇到许多新的东西，许多新的情感也会激荡他的心胸，许多新的问题将会打动他的思想——这是我们文学界多么美好的希望。他的作品又将从生活当中获得多么丰富的素材啊！我们可以预言，迄今为止，托尔斯泰伯爵给我们文学的一切，都只不过是他今后成就的保证；但是，这种保证又是多么丰富和美好啊！

革命民主主义作家车尔尼雪夫斯基的这种做法，无疑对托尔斯泰产生了很大的影响。此后，他开始逐渐与德鲁日宁等人的理论疏远起来，虽然完全摆脱还需要一些时日。同时，他对车尔尼雪夫斯基也有了好感，认为他"是个聪明而热心的人，很可爱"。

1856年12月26日，托尔斯泰等待已久的退伍请求终于得到批准。这时，他基本上已经无牵无挂了：同军队完全脱离了关系，不必受军职的约束；与瓦列莉亚的关系已经结束，结婚的念头暂时也放下了；解放农奴的雄心以失败告终，不再成为困扰他的大事。为此，他决定出国旅行，借以扩大自己的视野，获得新的生活感受，寻找新的创作灵感。

当车尔尼雪夫斯基得知托尔斯泰即将出国的消息后，专程来拜访了托尔斯泰。同时，车尔尼雪夫斯基在给涅克拉索夫的信中表示，希望出国旅行可以"剥掉"托尔斯泰"那层精神外壳，因为这层壳的害处

他似乎已经了解到了"。

1856年12月，《祖国记事》上刊出了托尔斯泰的中篇小说《一个地主的早晨》。次年1月，《现代人》又发表了托尔斯泰长篇自传三部曲的最后一部——《青年》。

《青年》引起的反响远不如《童年》和《少年》，托尔斯泰自己对这部也不是很满意，称它为"小玩意儿"。不过，小说仍然受到了读者的欢迎。

（二）

1857年2月初，托尔斯泰离开了莫斯科，开始了他的第一次出国旅行。他乘坐马车来到华沙，然后从那里转乘火车，经柏林到达巴黎。

初到巴黎，托尔斯泰十分兴奋。这座具有悠久文化历史传统的大城市早已为托尔斯泰所向往。到达的当天，他就去了大歌剧院，在那里与法国人一起度过了一个狂欢之夜。

在巴黎期间，托尔斯泰遍访名胜，到了著名的卢浮宫博物馆，到了巴黎最古老的学府索尔邦学院，到了法兰西学院，到了巴黎圣母院，还拜谒了拉雪兹神父公墓，那里安息着莫里哀、博马舍和巴尔扎克等文化名人。

同时，他还不断光顾巴黎的剧院和音乐会，欣赏了《费加罗的婚礼》《塞维尔的理发师》等名剧。所有这些，让托尔斯泰心情非常愉悦。他在4月5日这天给鲍特金的信中说道：

"我现在住在巴黎差不多有两个月了，至今还不知道这座城市会不会有一天不再吸引我，或者这样的生活会不会有一天失去它的魅力。……总之一句话，这种社会的自由，我们在俄罗斯是没有想到过的。"

然而就在信发出的第二天，一件意外的事故让托尔斯泰对巴黎产生

了强烈的厌恶。那天，他目睹了在巴黎广场上进行的一次残酷的机器斩首的死刑。

在当天的日记中，托尔斯泰描写了这一情景及给他带来的震撼：

> ……只见一个白白胖胖的健壮的脖子和胸膛。犯人吻了吻《福音书》，接着是死，多么荒谬！这印象极其强烈。我不是个玩弄政治的人，但道德和艺术我却是知道的、爱好的，并且弄得清楚的。断头台弄得我很久不能入睡，逼得我不能不思考。

这件事确立了托尔斯泰对死刑的看法，而且这种看法终生未变。而且，这件意外也让托尔斯泰突然对巴黎产生了憎恶。在第二天的日记中，他写道：

"晚起，正在读书，突然一个简单而清晰的念头来了——离开巴黎。"

这一天，他在给鲍特金的信中又写道：

> 在战争当中，在高加索，我亲眼目睹过许多可怕的场面，但我怎么能眼睁睁地看着把一个人撕成肉块呢？那种机器并不丑陋，甚至美观雅致，可以用它在一瞬间将一个身强力壮的人杀死。最近还要杀死很多人，因为据说他们想行刺拿破仑三世。

这种专制的暴行，令托尔斯泰对法兰西的"社会自由"深感失望。他表示，"从现在起，我不仅永远不会观看这种死刑，而且也不会再为任何政府服务"。

机器斩首的死刑给托尔斯泰留下了深刻的印象，以致在时隔四分之一世纪以后，他在重提此事时仍强调：

"任何鼓吹现代文明的合理性学说，都不能为这样的做法辩护。"

4月8日，托尔斯泰离开了巴黎，前往日内瓦。那里有他的两个远房

亲戚——亚历山德拉·托尔斯泰和叶莉扎维塔·托尔斯泰。

亚历山德拉姐妹的父亲与托尔斯泰的祖父是亲兄弟，因此，托尔斯泰还是她们的堂侄。亚历山德拉是尼古拉一世的女儿玛莉亚·尼古拉耶夫娜公主的侍从官，而叶莉扎维塔负责公主子女的教育。

托尔斯泰与她们姐妹的友谊开始于托尔斯泰刚从部队回到彼得堡时。她们认为他很朴素、谦逊，而且十分活泼，因此都很喜欢他。

1857年4月，托尔斯泰突然出现在亚历山德拉姐妹面前，让她们既惊异又高兴。在以后的日子里，托尔斯泰与亚历山德拉姐妹几乎每天见面，他们一起到山里散步，充分享受生活的快乐。

这段快乐的日子也让托尔斯泰开始渴望重新生活，将过去的一切像穿破的衣服一样抛弃，在一日之间变成另外一个人。

（三）

托尔斯泰在日内瓦逗留了将近两个星期。4月21日，他同亚历山德拉姐妹一同乘船去克拉兰，并在那里一直住到6月30日。

克拉兰紧靠日内瓦湖，湖光山色，景色迷人。这里是托尔斯泰爱戴的作家卢梭写作的小说《新埃罗绮思》的地方，也是小说中的女主人公生活过的地方。

每天，托尔斯泰都在湖边的堤岸上散步，或在花园中眺望湖面，蓝得出奇的湖水让托尔斯泰赞不绝口。这种秀美的山水对托尔斯泰的精神境界也产生了强烈的有益影响。面对这美丽的景色，他感到爱的感情在心中油然而生，甚至感到爱自己，惋惜自己的过去，寄希望于未来，觉得生活快活，想长长久久地活下去；甚至一想到人终有一死，就像孩子般害怕。

他一个人坐在浓荫如盖的小花园里，看着这湖岸、湖水，有时甚至

觉得这美通过眼睛注入了他的心灵。

在这里，托尔斯泰还结识了十二月党人米哈伊尔·普欣，以及他的兄弟、普希金皇村学校的同学伊凡·普欣，他们相处得非常融洽。置身于这样的环境，让托尔斯泰感到流连忘返。

托尔斯泰不满足于只在附近散步，他要到远处去游历。于是，他找到一位名叫萨沙·波利万诺夫的11岁男孩做伴，一起进行了一次徒步旅行。他们背着行囊，一起翻山越岭，用了11天的时间，游历了瑞士壮美的山川。

在旅行结束，回到克拉兰以后，托尔斯泰花了三天时间写他的旅途见闻，可只写了两天就撂下了，还有一篇《1857年日记摘抄》手稿也没有写完。因为旅行回来以后，托尔斯泰精力充沛，他开始集中精力进行以下五部作品的写作——《发疯者》《逃亡的哥萨克》《狩猎场》《青年》第二部和《旅游日记》。

六七月间，托尔斯泰还到达了意大利北部的都灵，与德鲁日宁、鲍特金碰了头，并与鲍特金结伴前往圣伯尔纳峡谷。在归途中，他取道圣·贝尔纳德，回到日内瓦，并于7月5日抵达瑞士北部的小城琉森。

琉森虽然风光旖旎，但来这里观光的大多都是富有的、但冷冰冰的英国绅士和女士，这令托尔斯泰感到孤独和压抑。

不久，托尔斯泰离开瑞士，前往德国。他先后到达了斯图加特、巴登巴登、法兰克福、德累斯顿和柏林等地。在那里，他参观了一些著名的博物馆、画廊和学校，并产生了为农村孩子办学的想法。

当托尔斯泰到达巴登—巴登时，他马上又被巴登—巴登这座欧洲著名的赌场吸引了，因此一到巴登—巴登就玩起了轮盘赌，并输掉了不少钱。

随后的两天，他一直沉溺于赌场当中，并输光了身上所有的钱。7月27日，他从一个法国人那里借了200法郎，当天就又输光了。随后，他又向刚刚抵达巴登—巴登的屠格涅夫借来些钱，同样很快又输掉了。

重染赌博恶习的托尔斯泰深受良心的谴责，他在日记中骂自己"猪猡，没有出息，是下流胚！"

输光了钱的托尔斯泰很快就离开了巴登—巴登，前往法兰克福。在法兰克福，他遇到了陪同公爵夫人旅行的亚历山德拉。在亚历山德拉那里，托尔斯泰获得了一些安慰和同情。

随后，托尔斯泰还到了德累斯顿和柏林，在那里参观了画展、学校和博物馆，然后踏上了返回故乡的路途。

这次历时半年的旅行，让托尔斯泰开阔了视野。尽管资本主义文明虚伪的一面令他深感厌恶，但西欧资本主义社会毕竟比处于专制农奴制度下的俄国社会进步得多。

因此，一回到俄国，托尔斯泰便对俄国的贫穷、混乱、黑暗，尤其是农奴制度，产生出一种触目惊心的感觉。

第九章　为农民子弟办学

聪明人的特点有三：一是劝别人做的事自己去做，二是决不去做违背自然界的事，三是容忍周围人们的弱点。

——托尔斯泰

（一）

1858年8月初，托尔斯泰回到亚斯纳亚·波良纳。在回到俄国的当天，托尔斯泰就在自己的日记中写下了这样一句话：

"俄国真讨厌，我简直就不喜欢它。"

几天后，在给亚历山德拉的信中，托尔斯泰历数了回国一周里见到的一些野蛮行径，如贵夫人在大街上用棍子殴打自己的女仆；几个官吏因为一位有病的古稀老人没有给他们及时让路而将他打个半死；村长瓦西里毒打一个园丁，而后又让他赤脚在麦茬地里管牲口……由此，托尔斯泰感叹道：

俄国现在真糟糕，真糟糕，真糟糕！在彼得堡，在莫斯科，所有的人都在吵吵嚷嚷，愤怒、期待；而在内地，则依然是宗法制的野蛮、偷盗和无法无天。回到俄国后，我同自己厌恶祖国的心情斗争了很久，直到现在才开始习惯于我们生活中那些根深蒂固、触目

63

皆是的惨状。

回到亚斯纳亚·波良纳后，托尔斯泰开始着手整顿不景气的庄园经济。他主要做了两件事：一是在周围的荒野和山冈上种了许多桦树、云杉和松树，将庄园的林地面积由开始的175俄亩（1俄亩=1.09公顷）逐渐扩大到450俄亩；二是大幅度增加了牧场面积和牲畜头数，兴旺畜牧业。托尔斯泰希望自己今后收入的主要来源是林业和畜牧业，而不是农奴们无偿的劳动。

与此同时，托尔斯泰依然继续为改善农奴的处境而努力。他陆续让一些仆人获得自由，并终于实现了他将农民的劳役改为租赋的计划。村里农民的劳动积极性有了很大提高，生活也略有改善。但是，在国家体制未变的情况下，托尔斯泰是不可能让农民们的生活发生根本性变化的。

在投身乡间农业事务期间，托尔斯泰依然关注着文学创作。1857年9月，托尔斯泰发表了小说《琉森》，在文坛上激起一片波澜。托尔斯泰对资本主义文明的抨击为大多数人所不理解，这让他颇感失望。但托尔斯泰觉得，自己"是有话可说，而且能够把话说得有分量；至于公众，他们想说什么就说什么吧。要认真做事，全力以赴，就让他们往祭坛上啐唾沫去吧"。

1858年的冬天，托尔斯泰是在莫斯科度过的。除了继续阅读文学和哲学创作外，他还先后完成了小说《三死》和《阿尔伯特》。其中，《三死》是托尔斯泰在短时间内满怀激情地一气呵成的。他在向塔基亚娜姑妈朗读这篇小说时，竟然泪水盈眶。

这篇小说写了一个贵妇人的死、一个农民的死和一株白桦树的死。在致亚历山德拉的信中，托尔斯泰这样阐述了小说的题旨：

　　我的想法是：三个生物——贵妇人、农夫和白桦树——死去了。

贵妇人既可怜又可恨，因为她一辈子都在撒谎，直到弥留之际。她认为，基督教不能替她解决生与死的问题，她还想活下去。她的想象力和理智相信基督教对未来的承诺，而她的整个肉体却坚决反对，没有其他安慰（除了基督教虚妄的安慰），——可能大限已到，她既可怜又可恨。

农夫死的时候心地坦然，因为他不是基督徒，……他信仰的是大自然，生息与共的大自然。

树死得平静、正直壮丽，因为它不撒谎、不折腰，无所贪求，无所畏惧。

在这部蕴含了深刻哲理的小说中，托尔斯泰表明了普通人民在精神上要优于贵族阶级。文学评论家皮萨列夫在评价《三死》时指出，如果谁要在托尔斯泰的小说中单纯地寻找情节的趣味性，他不仅会失望，而且"会忽略掉小说中最迷人和最有价值的地方，忽略那些深刻而精细的心理分析"。只有"推敲它的每一个局部，把握它的每一个细节，用你自己体验过的感情和印象去揣摩它们"，才能丰富思想积累和加深对人的本性的了解。

（二）

到1859年夏天，托尔斯泰再次陷入深深的苦恼之中，"对一切都冷漠到令人难堪的地步"。这一方面是因为他倾注了大量精力的庄园事务并没有收到预期的效果；另一方面，托尔斯泰在文学创作上也感到彷徨和迷茫。

自从托尔斯泰退出《现代人》杂志后，他的心情一直很矛盾，总是在不断地寻找自己的创作方向。从西欧回来后，他对俄罗斯、对生活

和艺术都有了新的看法。他在给亚历山德拉的信中说：

> 我曾经认为，可以为自己安排一个幸福而正直的小世界，以便在其中安静地、没有错误、没有悔恨，也没有迷乱地悄悄过自己的日子，不慌不忙、严整有序地只做好一些事情。可是真可笑，这办不到。

> ……要正直地生活，就必须挣扎、迷乱、追求、犯错、开始、放弃、又开始、又放弃，还要永远地斗争和忍受希望。而安静——这是精神上的卑贱行为。

对艺术的追求也是如此，因为"没有任何一种艺术的激流能让人回避参与社会生活的责任"。

尽管如此，德鲁日宁等人主张的脱离现实的"纯艺术"倾向已经在他的创作中留下了痕迹。在这期间，托尔斯泰创作的《阿尔伯特》、《幸福家庭》等小说大多脱离了农奴制改革前夕俄国火热的现实主义主流。对此，涅克拉索夫一针见血地指出了托尔斯泰这些小说中存在的不足，希望他能够创作一些表现生活本质的典型。

庄园事务的挫败以及对自己创作的失望，让托尔斯泰开始严肃地考虑一个问题：怎样才能让自己的生活更有意义？

为了调整自己的状态和生活方向，托尔斯泰决定暂时搁笔。他在回绝德鲁日宁的约稿时表示，"作为一个作家，我现在已经毫无用处"，如果今后再执笔的话，希望能够写出给人以力量的作品，而绝不会再去写那些"可爱的、读起来很愉快的小说"。

托尔斯泰觉得，自己的当务之急还是改善农民的处境，而知识则可以从根本上帮助农民摆脱贫困和愚昧。于是，他找到了一个能满足自己精神追求的事业——为农民的孩子创办一所学校。

当时，归地主私有的农奴的孩子是没地方可上学的，也没有官办的

学校。要想学习一些读写知识，只能自己请粗通文字的退伍老兵或教堂职员之类人担任家庭教师。而这些人既不懂教育，也没有教材，教学效果可想而知。所以，俄国文盲多得不得了。

鉴于此，托尔斯泰决定要兴办一所学校，发展教育事业。在1849年的时候，他就曾尝试过一次，但终因力不从心放弃了。10年之后，他东山再起，这一次终于获得了成功。

1859年秋，托尔斯泰在亚斯纳亚·波良纳创办了一所农民学校。他给波良纳的每户村民都发了一份通知，欢迎村民们送孩子到学校学习，而且不收学费。

对这个消息，村民们议论纷纷，他们都不相信这是真的。学校不收学费？以前可从来没这种好事。老爷们为什么会这样大发善心呢？会不会有什么圈套？所以，开始时谁也不敢送孩子去上学。

经过托尔斯泰的几番努力，农民们抱着试一试的态度，送孩子来学校上学了。

在开学的第一天，孩子们在家长的带领下，先是一起汇集在村口，然后一起来到波良纳庄园门口。托尔斯泰早已等候在那里了，他大声对家长们说：

"你们好！你们把孩子都带来了吗？"

"带来了，大人。"家长们纷纷摘下帽子，鞠躬，回答。

托尔斯泰仔细地看了一遍在场的孩子，然后又大声问孩子们：

"你们想读书吗？"

"想——"孩子们简单而响亮地回答。

这让托尔斯泰感到十分兴奋。他见来的孩子全是男孩，便请求家长们将女孩也都送来一起读书。

开学这天，一共来了22个孩子，后来陆续增加到70个孩子。托尔斯泰将这些孩子按年龄分为大、中、小三个班。

（三）

托尔斯泰办学的一个基本原则，就是给学生和老师以充分的自由。在学校里，学生可以根据自己的愿望，愿意来就来，不愿意上课就走；而教师也有权不让某个学生进教室。在课外，老师和学生是平等的朋友。托尔斯泰也经常跟这些孩子们开玩笑，还一起做游戏、散步、滑雪橇等，晚上常送学生回家。

同时，他还拿出一俄亩地来给那些愿意耕种的学生耕种，收获所得也归耕种的学生所有。这样的学生有8个，托尔斯泰就把这一俄亩地分成8份。孩子们在自己分得的土地上种上亚麻、豌豆、荞麦、胡萝卜、芜菁等，锻炼了实际动手能力。

托尔斯泰在《亚斯纳亚·波良纳学校》一文中，这样描绘了他创办的这所学校的情况：

> 学校设在波良纳庄园里的一座两层石头房子里，有两间房作教室，一间房作办公室，两间房作教员休息室。在台阶屋檐下，挂着一口小钟，钟上拴着一个小锤，每天由教务长派一名住校的学生打钟上下课。

> 穿堂的楼下放着体育器材，楼上摆着一个木工台，这是专门供学生劳动用的。

> 刚走到宽敞明亮的教室时，孩子们都感到很拘束，但很快他们就和老师熟识起来了。而且，这里也很快就成为孩子们最向往的地方。

> 村里的人们惯于天不亮就点灯起床。从学校的窗户里，可以看到各家明亮的灯光。钟响之后的半小时里，在蒙蒙的雾气里，在霏霏的雨雪里，或在秋日的晨曦中，山冈上（村子和学校中间隔着一条山谷）便出现三三两两或孤孤零零的黑色小身影……

孩子们来上课时，不用带任何东西来，不带书，也不带笔记本，脑子里也毫无负担。无论功课，无论昨天所做的什么事情，他们觉得忘记了都没有什么关系。想到摆在面前的功课，他们也没有什么苦恼之感。他们只带来自己的身体、敏锐的头脑和信心：相信学校今天将同昨天一样快乐。

不到上课的时间，他们是不想上课的事的。没人因为迟到而受到申斥，不过也从来没人迟到——除非大一点的孩子有时被父亲留在家里做些活计，耽误了。在这种情况下，干完活后他们便气喘吁吁地匆匆赶到学校来。

当老师走进教室时，孩子们可能正玩作一团，有时甚至是大声叫喊着。老师手里拿着书，分给那些跟他到讲台前面的孩子，同时正在玩耍的孩子也会安静下来，气喘吁吁地开始看书。打闹的气氛一扫而光，教室里一片宁静。

一个学生刚刚还扯着同学的头发，现在却专心致志地读起书来。他紧闭嘴唇，闪着小眼睛，除了书本，什么也看不到。这时，要他抛开书本就像刚才要他停止打闹一样费劲。

孩子们在教室里也都随便坐，有的坐在长凳上，有的坐在窗台上，有的坐在圈椅或者地上……

学校的课程有读书、书法、语法、创世纪、数学、绘画、制图、唱歌，后来又加入了俄国历史故事和自然科学漫谈。

可以说，波良纳学校的教育状况正是托尔斯泰理想的教育模式。他发现，学生的心理状态是教育能否成功的关键，要得到好的教育效果，自由是必不可少的。孩子们不愿意学的东西，就不应该强迫他们学习。

学校的事情逐渐增多，于是托尔斯泰便开始物色助手。1860年6月，他终于物色到一个。这个人名叫彼得·瓦西里耶维奇·莫罗佐

夫，是图拉神学校的毕业生。 托尔斯泰在1860年至1861 年出国期间，学校的工作主要由他负责。

到1862年5月，学校已经从最初一所发展到21所，分布在亚斯纳亚·波良纳周边地区。校舍也都是因陋就简，设在农舍里，教师有的跟农民住在一起，他们的工资都很低，教一个学生每月可得50戈比，平均一个教师有二三十学生。除工资外，如果在《亚斯纳亚·波良纳》杂志上发表文章，也可以得到一些稿费。尽管生活很艰苦，但在托尔斯泰的热情感召下，教师们都很热爱自己的工作。

办学取得的成功让托尔斯泰备受鼓舞，为此他还想创办一个国民教育协会，进一步在俄国推广教育事业。当然，他的这个计划是不会被批准的。据莫罗佐夫回忆，托尔斯泰那时还跟学生们谈过自己的理想，说他想将自己的土地分给农民，然后在村边建一座农舍，娶一个农家姑娘，从事农业生产。

托尔斯泰想放弃地主生活去务农的理想后来在他创作的小说《安娜·卡列尼娜》中也有所反映。主要人物列文在结婚前，"常常欣赏这种生活（指农民生活），还常常羡慕过这种生活的人"。

第十章　爱情与婚姻

> 一个人好像是一个分数，他的实际才能好比分子，而他对
> 自己的估价好比分母。分母愈大则分数值愈小。
>
> ——托尔斯泰

（一）

在1860年7月，托尔斯泰离开彼得堡，开始了他为期9个月的德国、法国、比利时、英国和意大利之行。同行的还有他的妹妹玛莎和几个外甥，他们坐船取道波兰前往柏林。

到达柏林后，玛莎和孩子们先去了法国的索登尼古拉处，托尔斯泰自己在柏林逗留了几天。在这里，他去柏林大学听了课，参观了当地的手工业夜校等，但印象都不佳。

之后，托尔斯泰又到了威玛。在那里，他参观了歌德故居，欣赏了莫扎特的歌剧，并进行了教育考察。

随后，他又到了耶拿，对那里由斯多伊教授创办的一所私立学校颇为喜欢，觉得这是他在德国见到的"最有意义、最重要的，几乎是唯一有生气的学校"。

这年9月，托尔斯泰的大哥尼古拉病危，托尔斯泰赶紧赶到居住在索登治病的大哥身边。看到形销骨立、因患肺结核不断咳嗽的大哥，

托尔斯泰非常难过。本来尼古拉的身体是很棒的，但在高加索服役的12年间，他染上了酗酒的毛病，退役后也未能戒掉，这严重地损害了他的身体。

在托尔斯泰的坚持下，尼古拉答应出国治疗。医生认为，尼古拉应该在一个气候温暖的地方度过冬季。于是托尔斯泰与妹妹玛莎商量，决定带哥哥前往地中海沿岸城市土伦附近的耶尔。

几经辗转，托尔斯泰一行终于到达耶尔。然而，尼古拉的病情不仅没有好转，反而是一天不如一天。1860年9月20日，尼古拉带着平静的表情离开了人世。

大哥的去世让托尔斯泰悲痛欲绝，他在日记中写道：

"这件事让我严重地脱离了生活的轨道，……大哥的死给我留下了一生中最强烈的印象。"

托尔斯泰久久都不能平静下来，觉得生活变得无比黯淡。现在，生活中唯一让他感兴趣的就是教育工作。

过了一些时日，托尔斯泰开始考察法国的学校教育。他参观了马赛城里的全部8所工人学校后得出结论：在那样的学校里，工人不可能获得真才实学，法国工人的知识大都来自于廉价的报刊、有音乐杂耍和短剧上演的咖啡馆和俱乐部。

1860年冬到1861年春天，托尔斯泰到过了欧洲不少城市。在意大利的佛罗伦萨，他结识了刚从流放地归来的著名十二月党人沃尔康斯基，并由此萌发了创作长篇小说《十二月党人》的念头。

接着，他又先后游历了利沃纳、那不勒斯、罗马等地，并转道巴黎到了伦敦。在伦敦，他与英国著名作家狄更斯有过一面之交，又和俄国流亡作家赫尔岑建立了真挚的友谊。尽管两人观点有很多出入，但他们依然对彼此十分倾慕。

在赫尔岑的引荐下，托尔斯泰又特地前往布鲁塞尔，拜访了当时侨居在那里的著名无政府主义者普鲁东和波兰社会活动家列勒维尔，这

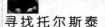

一经历给托尔斯泰留下了难以磨灭的印象。

1861年2月，沙皇签署了在俄国废除农奴制的法令，成为俄国社会生活中的一件大事。托尔斯泰在国外得知这一消息后，立刻敏锐地感觉出政府这项"改革"举措的欺骗性。他在给赫尔岑的信中说：

"……我很不喜欢一点，就是上谕中的口气仿佛是对老百姓做了极大的恩惠一样，可是它的实质，即使一个有一点学问的农奴主也能看得出，其中除了许诺之外别无一物。"

4月12日，托尔斯泰回到俄国，在彼得堡和莫斯科稍事停留后，于5月初回到亚斯纳亚·波良纳。

（二）

回到家乡后，托尔斯泰处理的第一件事就是他与庄园里农民的关系。他将农民都召集到一起，宣布凡是他们所耕种的土地，从现在起一律归他们所有；而且，每个农民还能获得一块远多于其他庄园的份地。这一次，农民们没有怀疑托尔斯泰的诚意，他们纷纷欢呼，并祝托尔斯泰健康长寿。

当托尔斯泰还在伦敦的时候，他就知道自己被任命为图拉省克拉皮文县第一区的和平调解人。这一职务主要负责调解地主与农民之间的纠纷，当然主要是土地纠纷。

为维护农民的利益，托尔斯泰一回国后马上就接受了这一任命。随后，他常常站在农民的一边，维护农民的利益。结果也正如托尔斯泰所预料的那样，农民们"欣喜万分"，而贵族们则对他"恨之入骨"。当地的贵族纷纷联名上书，要求撤销托尔斯泰的调解人职务，因为他唤起了农民对地主的敌意，并给贵族造成了巨大的经济损失。在这种情况下，托尔斯泰不久后主动辞去了调解人职务。

　　还有一件事，就是被托尔斯泰称之为"难以割舍的诗意而美妙的"教育事业。所以一回到家乡，他立刻就以异乎寻常的热情投身到这一事业当中了。

　　不过，托尔斯泰的行为引起了沙皇当局的注意。在他担任调节人期间，就有宪兵密探向第三厅报告了托尔斯泰袒护农民的事；如今，他的办学活动进一步引起当局的不满。而同时，一些地主出于仇视心理，不断诬告托尔斯泰网罗图谋造反的大学生、印刷反政府传单等。因此，沙皇当局加紧了对托尔斯泰的秘密监视。

　　1862年夏天，托尔斯泰感到身体不适，常常咳嗽。他自以为这是肺病的征兆，因为这种病已经夺去了他两个哥哥的性命。于是在医生的劝告下，他决定前往萨马拉平原去进行酸马奶治疗。同时，他还带了学校的两个孩子随他一起旅行，他们是菲特卡和叶戈尔，同行的还有他的仆人阿列克塞。

　　托尔斯泰一行先骑马到莫斯科，然后乘火车到特维尔，从那里再搭乘汽船沿伏尔加河南下，到达萨马拉大草原。在草原天然、广阔、舒畅的环境中，托尔斯泰的病情有了很大好转。

　　然而就在这时，灾难降临到了亚斯纳亚·波良纳庄园。事情起因于波良纳学校新雇用的一个名叫索科洛夫的大学生教师，他曾参加过反政府组织，是赫尔岑的信徒，因而受到沙皇政府的密切监视。

　　索科洛夫一离开莫斯科，图拉省宪兵司令穆拉托夫便得知他不久后到了波良纳学校。很快，这位急于立功升官的政治密探编造了一系列谎言，并秘密告知莫斯科总督。莫斯科总督接到密告后，马上下令对波良纳庄园进行了搜查。

　　这天一大早，宪兵便闯进了托尔斯泰的波良纳庄园，并在他的住所和两所学校中翻箱倒柜搜查了两天。所有东西都被检查了，包括托尔斯泰认为"只有当我临死时才能把它们交给最亲近的人"的全部日记和信件。

为了寻找罪证，这群宪兵甚至把网撒到水池里打捞，还撬开了马棚的地板。临走时，他们还没收了那些任教大学生的证件。

正在萨马拉草原休养的托尔斯泰得到消息后，以最快的速度返回波良纳庄园。这件事让托尔斯泰大为震怒，他在给亚历山德拉的信中写道，如果他当时在场的话，一定会杀死那个领头的宪兵上校；并且还说，对这样的政府，他"感到愤怒、厌恶，乃至仇恨"。

在这件事情发生后，学校又维持了一段时间，但终因外界环境的变化、教师的陆续离去和托尔斯泰兴趣的转移而停办了。

然而，这段经历却令托尔斯泰终生难忘。直到晚年，他仍将办学这段经历看成是他"一生中最幸福的时期"，即"把全部生命奉献给为他人服务的事业的时期"之一。

（三）

在托尔斯泰第二次归国时，他已经33岁了，独身生活让他感到烦恼和孤独。他在日记中写道：

"我苦闷，我没有朋友，没有！我是个孤家寡人。"

这些年来，他也尝试过几次恋爱，但都因过于理想化或属于精神恋爱而没有成功。

一个时期以来，托尔斯泰与莫斯科宫廷医生贝尔斯一家过往甚密，贝尔斯的妻子吕波芙是托尔斯泰的旧识，而她与托尔斯泰的妹妹玛莎更是多年的好友。贝尔斯有8个孩子，其中3个女儿正值青春年少，个个都生得聪明伶俐、漂亮动人。

贝尔斯家那种温馨的家庭氛围和充满青春气息的欢乐深深地吸引着托尔斯泰。在这里，他享受到了家庭的愉快，以及年轻人在一起开怀欢愉的乐趣。

渐渐地，托尔斯泰对这些女孩子产生了爱意。一次，他对妹妹玛莎说：

"我觉得贝尔斯一家特别可爱，如果我有朝一日成家，我只要娶他们家的闺女。"

贝尔斯家的几个孩子也很喜欢这位年轻的作家和伯爵。贝尔斯的小女儿塔尼娅后来回忆说：

"他一来到家里，气氛马上就活跃起来。他有时带我们到森林中散步，而他自己也不辨道路，边走边给我们讲故事。"

托尔斯泰的频频到访，让贝尔斯夫妇逐渐看出了一点眉目：伯爵应该是爱上我们的某位女儿了。在他们看来，尽管托尔斯泰年纪偏大一些，但出身和教养都不错，而且还是个颇有名气的作家和有一定经济实力的贵族，因此，他们也希望托尔斯泰能娶他们的一位女儿为妻。

然而，托尔斯泰却迟迟没有表态。贝尔斯家的亲友和家庭教师都认为托尔斯泰看上了大女儿莉莎。而莉莎也自作多情起来，每逢托尔斯泰来访，她都显得格外热情，当然事前也忘不了要梳洗打扮一番。

托尔斯泰虽然觉得莉莎是个不错的姑娘，但他并不中意莉莎，觉得莉莎的性格过于理智沉稳，过于会算计。这不是他喜欢的类型。

托尔斯泰看中的是二女儿索尼娅。索尼娅是姐妹三人中长得最漂亮的一个，身材匀称高挑，容貌端庄秀丽，而且感情丰富，待人真诚，还颇具文学才华。当然，索尼娅对托尔斯泰也颇有好感。

1862年8月初，贝尔斯夫人吕波芙带着3个女儿和一个儿子前往图拉省伊维齐庄园看望父亲，顺路去亚斯纳亚·波良纳庄园看望刚刚从阿尔及利亚回来的玛莎。

贝尔斯夫人一行下午从图拉省出发，傍晚时分到达波良纳庄园。可以想见，贝尔斯夫人一行到来给一向宁静的波良纳庄园带来了多么热烈的气氛。全家上下都忙碌起来，为客人准备食宿。

当晚，托尔斯泰亲自为索尼娅在沙发椅上铺了一个床位，让索尼娅深受感动。索尼娅后来回忆说：

"在列夫为我准备的长椅上睡觉多么好啊！一晚上我都翻来覆去，觉得有些不舒服，两边的扶手夹得很窄，可我的心里快乐极了。想起列夫如何为我准备这个过夜的地方，我就满怀新奇、高兴之情进入了梦乡。"

第二天，托尔斯泰安排客人到森林游玩和野餐。那时，索尼娅觉得周围的一切都那么令人心醉。

第三天，贝尔斯母女离开了波良纳，动身前往伊维齐庄园。可谁也没有想到，贝尔斯一家刚刚到达伊维齐的次日，托尔斯泰便骑着白马赶来了。他走了50俄里，到达时朝气蓬勃，快乐而激动。

晚上，托尔斯泰与索尼娅姐妹们坐在桌前谈天说地，吕波芙见天色已晚，便催促孩子们就寝。就在索尼娅刚刚走到门口时，托尔斯泰叫住了她。

两人再次坐在桌边，托尔斯泰拿出一支粉笔，在桌子上的计分板上开始写字母，并让索尼娅辨认。

索尼娅心跳得厉害，她觉得这一瞬间她什么都能明白和做到。她颤声念道：

"您的青春和对幸福的要求非常清楚地让我想起我年纪已老，不可能有幸福。"

"还有——"托尔斯泰继续写下去，索尼娅继续念：

"是您家里，对我和您姐姐莉莎有一种不正确的看法，您要和您的妹妹为我辩护。"

两人为心灵的相通而异常激动。正当托尔斯泰想继续向下写时，楼上传来吕波芙催促索尼娅上楼睡觉的声音，两人的感情交流只得暂时中止。

（四）

不久，吕波芙就带着孩子们回了莫斯科，托尔斯泰也随同她们一起去了莫斯科。这年，不论是夏天还是初秋，也不管贝尔斯一家住在城里还是郊外，托尔斯泰几乎每天都去拜访。在这种情况下，托尔斯泰与索尼娅的感情也在悄悄地发展着。

渐渐地，托尔斯泰对索尼娅的爱越来越强烈，但他并不能确信索尼娅是否也一样爱他。越是在这种时候，托尔斯泰的自卑感越强。他为自己的年龄和相貌苦恼，内心充满了矛盾和挣扎。

9月16日晚上，经过再三的犹豫，托尔斯泰终于将揣在怀里三天的信交给了索尼娅。索尼娅接过信，立刻跑进自己的房间。信上这样写道：

索尼娅·安德烈耶夫娜：我已经无法忍受。三周以来，我每天都在说：现在我一定要把一切都讲出来，可最后我总是怀着同样的苦闷、后悔、恐惧和幸福的心情离开。每天晚上，我都如同现在一样，逐一回忆过去的情景，我很痛苦。我说：为什么我没说？我该怎么说？我能说些什么？我随身带着这封信，如果我又不能说，或者没有勇气对您说出一切，我就把这封信交给您。……

我本来想断绝与您的一切联系，重新回到孤独的修道院里埋头于事业。但现在我什么都办不到了，我觉得我把您家搅乱了，我和您像和朋友、和正直的人那样朴实的、值得珍视的关系已经失去了。我既不能离去，也不敢留下。

您是个诚实的人，请坦率地，不要急急忙忙，……告诉我，您是否愿意成为我的妻子？……看在上帝的份上，您好好问问自己。我怕听到您说"不"，但我预感到，并能在自己身上找到忍受得住的力量。但是，如果我永远不能成为一个被人爱的丈夫，像我爱我的妻子那样的话，那简直太可怕了！

就在索尼娅看信时，吕波芙走进房间。她立刻明白发生了什么事，并对女儿说：

"到他那里去，把你的答复告诉他。"

索尼娅好像长了翅膀一样，飞也似的跑上楼梯，跑向母亲的房间。托尔斯泰正靠在墙壁上等待她。

当看到索尼娅后，他趋步上前，抓住索尼娅的手，问道：

"怎么样？"

"当然，我愿意。"索尼娅羞红着脸回答。

是年，索尼娅18岁，托尔斯泰34岁。

一周后，即1862年9月23日，托尔斯泰与索尼娅举行了婚礼。婚礼隆重而庄严，后来，托尔斯泰在小说《安娜·卡列尼娜》中将他的婚礼描写成列文与吉娣的婚礼。他用优美的文笔清晰地描绘了婚礼的场景和列文的内心感受。他在给亚历山德拉的信中写道：

> 9月23日，星期天，我娶了索尼娅·贝尔斯，她是我年少时的朋友吕波奇卡·伊斯连尼耶娃的女儿。为了让您清楚地知道她是怎样的一个人，我应当写出一部书。我是幸福的，自从我出世以来，我从未有过这样的幸福。

婚礼结束后，索尼娅流着眼泪与家人告别，跟随托尔斯泰踏上了前往亚斯纳亚·波良纳的路程。

经过一天一夜的行程，马车抵达波良纳。在庄园的大门口，塔基亚娜姑妈手持圣像迎接这对新婚夫妇，谢尔盖哥哥还向他们献上了面包和盐巴。

结婚之后，波良纳庄园的女主人索尼娅为庄园带来了生气。她用盆栽的山茶花和木樨草等鲜花装点寓所，还在屋前的草坪上培植番红花、风信子、玫瑰花等；在花园里，她用沙土重新铺了小径，修建了洋槐，又栽上了丁香。

庄园里所有的账目也都移交给索尼娅，所有库房的钥匙也都交给了她。

　　婚后的托尔斯泰获得了精神上的安宁，他感到一种难以置信的幸福，"我的心情一天比一天平静，生活一天比一天幸福"，"这种美满生活在人间是难得的"，"我是幸福的，我变成了一个新人，一个崭新的人"。

　　与此同时，强烈的创作欲望也重新溢满了他的心头。托尔斯泰在给亚历山德拉的信中说：

　　"我对自己的状况完全满意，……我感到自己的智力和精神力量空前活跃，空前宜于写作，而且我也在创作，……我现在一心一意写作，边写边思考，我还从来不曾这样认真地写作和思考过呢！"

第十一章　《战争与和平》

人生的价值，并不是用时间，而是用深度去衡量的。

——托尔斯泰

（一）

1863年，托尔斯泰的中篇小说《哥萨克》在《俄国导报》上刊出。这部小说断断续续地写了近10年，现在终于完成了。

在发表前，托尔斯泰对小说又进行了不少修改和增补。这部小说在托尔斯泰的早期创作中也占有重要的地位。它不仅包含着丰富的民主主义思想内容，而且艺术手段也十分高超。作者用优美生动的文笔描绘了雄伟壮丽的高加索自然风光，并使之与人物的性格和感情发展有机地融合在一起，同时还多方面地吸收了民间创作的艺术养分。

这时，屠格涅夫与托尔斯泰已经不相往来，但还是对托尔斯泰的这部小说给予了极高的评价。他在给鲍里索夫的信中说：

"我重读了一遍列·尼·托尔斯泰的小说《哥萨克》，再次为之倾倒，这真是一部异常出色、具有极其强烈艺术力量的作品。"

接下来，托尔斯泰又完成了中篇小说《波利库斯卡》。这部小说取材于一个真实的故事，托尔斯泰在国外时就动手写过，但直到此时才脱稿发表。在这部小说中，托尔斯泰用惊人的艺术力量描写了农奴制度下农民的悲惨处境。同时，他还第一次在自己的作品中提出了金钱罪恶的主题。

托尔斯泰对俄国农民生活和心理的深刻了解，以及在作品中呈现出来的卓越的写作手段，让不少作家由衷地赞叹。屠格涅夫说：

"我读了托尔斯泰的《波利库斯卡》，这位伟大天才的力量让我为之惊叹。……有些篇章写得可真了不起！读起来会叫你的脊背骨上都感到一阵冷战，……巨匠，真是巨匠！"

结婚后，生活逐渐安定下来，托尔斯泰便计划创作一部长篇小说。其实，他的这个想法可以说是由来已久了。

在1856年时，沙皇政府发表文告，允许十二月党人从流放地返回，这触发了托尔斯泰写一部关于十二月党人命运的念头。1860年底到1861年初，托尔斯泰在国外动笔写了三章。但很快托尔斯泰就意识到，只写十二月党人从流放地归来后的生活和精神面貌，显然与当时高涨的社会情绪不相吻合。于是，他毅然放弃了已经写成的那部分。

托尔斯泰准备从1825年十二月党人起义的时期写起，但"写个开头后又搁笔了"，因为"我的主人公在1825年已经是有家室的成年人了。为了了解他，我得转向他的青年时代，而他的青年时代正是俄国历史上光荣的1812年时代"。

在1812年时，拿破仑率法军大军入侵俄国，占领了俄国首都莫斯科。但在俄国人民和军队的奋勇抗击之下，拿破仑损失惨重，率领3万残兵从莫斯科撤退。拿破仑政权自此也开始走向衰亡。

然而，在写了个开头后，托尔斯泰再次停下来。他觉得：

如果只写我们同拿破仑及法国兵戎相见的胜利，而不写我们受到的挫折和耻辱，于心有愧。在阅读1812年卫国战争的有关著作时，有谁没有体会过那种隐秘的、而又羞怯与疑惑的不快活的情绪呢？如果说我们的胜利原因不是偶然的，而是扎根于俄罗斯人民和

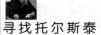

军队本来的天性之中，那么，这种本来的天性就应该更加鲜明地表现在失利与溃败之中。

因此，托尔斯泰又将时间追溯到1805年。那一年，俄奥联军在奥斯特里茨战役中被拿破仑的法军第一次击败。这样，托尔斯泰的巨著《战争与和平》实际包括的年代已是1805年到1820年，即19世纪初俄军失利的前后到十二月党人运动的酝酿时期。虽然这已是全新的内容，但无疑，《十二月党人》一作的构思已成为《战争与和平》创作的前奏。

（二）

《战争与和平》的创作共历时7个年头，托尔斯泰为此付出了艰辛的努力，至今保留下来的手稿就达5200页之多。

为了做到"直到最微小的细节都忠于现实"，托尔斯泰查阅了难以数计的历史资料和有关著作，走访了许多参加过有关事件的人们，并亲自到1812年发生过保罗金诺战役的现场考察。在此基础上，托尔斯泰又进行了艰难的艺术构思。

准备工作是相当艰苦和折磨人的，托尔斯泰在1864年1月致费特的信中诉苦说：

> 我很烦闷，没有写出什么，只是苦苦地工作着。在我不断播种的土地上，要想耕得深，预备工作是多么艰难，你是不能想象的。在我正准备的非常庞大的作品中，那些未来的人物可能发生的遭遇，我想了一遍又一遍，从一百万可以结合在一起的细节之中，要排出那一百万分之一来，真是难得可怕，而这就是我正在做的工作……

托尔斯泰始终举棋不定，他担心自己的写作语言与别人的不一样，担心写出来的作品不伦不类：既不像长篇和中篇，也不像史诗，更不像历史；他担心由于要描写1812年的历史人物，不得不以历史文件作为依据，而不是以真实为准绳。

由于这种种的艰难和顾虑，在创作的头一年中，托尔斯泰"开始了无数次，又放弃了无数次"。如今，在作家的档案中，还能见到15种小说开头的文稿。

在经过长时间的痛苦折磨之后，托尔斯泰决定抛弃所有的顾虑，只写自己想要讲的，不考虑写出来的是什么，也不给自己的作品取任何的名称。

创作终于有了进展，特别是当托尔斯泰在阿克萨科夫和尔菲利耶夫家朗读他的小说开头几章后，受到了大家的热烈称赞，这让托尔斯泰信心大增。此后，他开始抛却一切杂念，全身心地投入到小说的创作之中。

在写作过程中，索尼娅给了托尔斯泰极大的支持。在1863年6月时，他们的长子谢尔盖已经出生了，白天，她要照顾孩子，料理家务；晚上，她就坐在楼上的会客室桌子前，用隽秀的笔迹将托尔斯泰白天写得十分凌乱的草稿誊写出来。这样次日一早，当托尔斯泰走进书房时，前一日的稿子已经整齐地放在他的案头了。

当然，这些稿子很快又会被托尔斯泰修改得面目全非，于是，索尼娅还要再抄写一遍，整部作品整整被抄写了7遍之多！

妻子的支持大大地加快了托尔斯泰的创作进度，令托尔斯泰既感激又感慨。他在日记中写道：

> 由于夫妻共同生活，你自己改变得像一棵苹果树，在得到了土壤里的汁液后，它向四面生长着。现在，生活给它修枝、剪

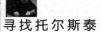
枝、捆扎、扶持，以便使它不会受到其他东西的影响，扎下根来，长成粗壮的躯干。

我就是在这样生长着。我不知道能否结出果来，是否可吃，……但我知道，我正在正常地生长着。

在构思《战争与和平》之初，托尔斯泰的目的主要是歌颂先进的贵族在历史上的功绩。因为在他看来，只有这些人"才在1825年、1848年以及尼古拉一世的整个历史时期，为实现解放农民的理想而不断派出自己的殉难者去蒙受流放和绞刑"。

但随着创作过程中对材料的分析和研究，托尔斯泰的认识也进一步深化了。在托尔斯泰的艺术构思中，人民的地位开始上升。因此在《战争与和平》的整个创作过程中，托尔斯泰对这部作品的删改动作之大是惊人的。最初构思中的家庭历史小说，到定稿时已经成为一部反映俄国在历史转折时期的命运和探索众多社会哲理问题的长篇巨著。

（三）

1865年1月，这部小说第一部的第一章至第二十八章以《1805年》为题，在《俄国导报》上刊出，而全部作品完稿和刊出已经是在1869年末了。

托尔斯泰曾表示，在《战争与和平》这部小说中，他喜欢人民的思想。而这一思想也在作品中得到了充分的体现。在国家危急的关头，许多来自下层的俄国普通官兵同仇敌忾，浴血奋战，虽然战事一度失利，但精神上却始终占据压倒性的优势。

与此同时，老百姓也主动参与到保卫家园的战斗中来，涌现出了一大批像图申、杰尼索夫、谢尔巴蒂那样的英雄人物。俄军的统帅库图

佐夫也因为体现了人民的意志，才具有过人的胆识和决胜的信心。

与"人民的思想"相联系，托尔斯泰在小说中也认真探讨了俄国贵族阶级的历史命运问题。小说的主要情节围绕着包尔康斯基、别索霍夫、罗斯托夫、库拉金四大贵族的家庭生活展开的。在小说中，托尔斯泰对接近宫廷的上层贵族进行了无情的批判和抨击。在民族危亡时刻，他们蔑视国家命运，只关心自己的私利，每日寻欢作乐，聚积私产。这些卑劣的行径与人们为国家献身的高尚品质形成了鲜明的对比。

《战争与和平》是一部卷帙浩繁的史诗性长篇小说，其中塑造的人物多达559个。对于这篇小说的成功，托尔斯泰认为，"史诗性的题材对我是最合适的"。

的确，在创作这部小说的过程中，托尔斯泰也找到了充分施展自己艺术才华的天地。与同时代的许多长篇小说不同，《战争与和平》中的生活画面是以囊括一个历史时期的巨大而完整的形态出现的，作者的艺术触角伸向了19世纪俄国广阔的生活领域。国家和私人生活的一切可能的领域：历史，战争，人间的惨剧，各种情欲，人生的各个阶段，从婴儿降临的啼哭声到气息奄奄的老人的感情的最后迸发，人所能体会到的一切快乐与痛苦，各种可能的内心思绪……在这幅作品中都应有尽有。

《战争与和平》不仅再现了整整一个历史时代，而且为人物提供了广阔的活动空间。托尔斯泰的敏锐、感知力和探索精神，使他在捕捉新的生活现象上远远超过其他的一般作家。但是，驳杂的生活形象在托尔斯泰的脑海中也不是无序地进行罗列。在那涵盖整整一个历史时期的广阔画面中，包含着作家严格的审美选择，大如历史进程、民族危亡、战争风云、制度变革，小至家族盛衰、乡村习俗、节日庆典、个人悲喜，都被纳入到统一的艺术结构当中，从而使作品达到一种既宏伟开放又浑然一体的艺术效果。

《战争与和平》问世后，在俄国文坛上激起了强烈的反响。冈察

洛夫称，托尔斯泰"已经成为文学界真正的雄狮"；屠格涅夫认为，"像托尔斯泰那样的作者我们还没有第二个"，他在公众的心目中"已断然占据了首屈一指的地位"……

1879年，《战争与和平》的第一个外文全译本出版，当时侨居巴黎的屠格涅夫将译本分赠给法国文坛的著名作家和评论家，立刻便引起一片由衷的赞美声。

法国著名作家福楼拜除了对这部小说的历史哲学理论不感兴趣外，对其余部分都大加赞赏。他在致屠格涅夫的信中写道：

"这是一部第一流的作品，他的确是一位擅长描绘的作家，同时也是一位出色的心理学家……我在阅读这部作品的过程中，不时拍案称奇，赞不绝口。"

罗曼·罗兰则称：

"《战争与和平》是我们时代最伟大的史诗，是现代的《伊利亚特》。"

后来，列宁在读到这部小说后，对来访的俄罗斯文坛巨擘高尔基说：

"多么了不起的巨著，多么强有力的人物！老兄，这才是真正的艺术家……在欧洲有谁能与他相媲美呢？一个也没有！"

在一个谈笑风生的场合，有人调侃托尔斯泰说："你除了会写小说，还能干什么？"当时在场的人都觉得这玩笑开得过分了，但托尔斯泰并未对朋友的嘲讽还嘴，而是不吭一声地回到家中忙起来。他的车间中有一张大木台子，上面摆放着榔头、钳子、钢锯、锉刀等工具，墙上还挂着干活用的围裙。为回应朋友的调侃，托尔斯泰亲手制作了一双漂亮而结实的高牛皮靴，并郑重地送给大女婿苏霍京。苏霍京很爱惜这份珍贵的礼物，将皮靴摆在书架上。当时，《托尔斯泰文集》已出版了12卷，他就给这双皮靴贴上标签：第13卷。托尔斯泰知道后，哈哈大笑，并说："那是我自己最喜欢的一卷。"

第十二章 饱受争议的《安娜·卡列尼娜》

人生不是一种享乐，而是一桩十分沉重的工作。

——托尔斯泰

（一）

1869年底，《战争与和平》终于完稿了，家人都劝托尔斯泰好好休息一下，托尔斯泰自己也觉得需要在体力劳动中恢复一下自己的精力了。于是在这年的冬天，托尔斯泰将主要精力都放在打猎上。1870年的春夏时节，他又整天用铁锹清理庭院，铲除杂草，布置花坛，有时还和农民们一起割草耕地。

其实，托尔斯泰一直都没有停止过他的探索和思考。在这段时间里，托尔斯泰又开始广泛地阅读，他需要汲取广泛的营养。当时，索罗维耶夫的《俄国史》，叔本华和康德的哲学著作，莎士比亚、歌德、莫里哀、普希金和果戈理等人的著作，甚至是博物学、物理学和天文学，都曾引起托尔斯泰浓厚的阅读兴趣。所有的这些知识，就像"我的元气一样开始流出，它在一滴一滴地流，我在一滴一滴地收，不管是好的还是坏的……在一个个漫长、神奇的夜里，让它流出总是愉快的"。

这时，托尔斯泰被一部以彼得大帝时代为背景的长篇小说构思所吸引。因为在他看来，俄国的一切都开始于这个时代，要揭开俄国社会的疑团，就必须"追溯到彼得时代"。

从1870年秋开始，托尔斯泰便以其固有的热情和一丝不苟的态度收集和研究有关彼得大帝时代的各种材料。但仅仅几个月后，他就放弃了这个计划。

而其中最主要的原因，就是他对彼得大帝的看法与一般的意见背道而驰，他对俄国人引以为豪的彼得大帝时代几乎持完全否定的态度。他认为，这位大帝在改革时，根本不关心人民的利益，只替自己打算。

托尔斯泰对彼得时代在俄国历史上的地位产生了怀疑，同时他又想象不出那个时代的生活是什么样子，也很难运用那个时代的语言。

总之，由于以上种种原因，这部作品未能付诸实施。

1870年底，托尔斯泰又开始认真研究起古希腊文来。为了能掌握这种难学的语言，托尔斯泰是下了真功夫的。他专门聘请了希腊文教师，每天都潜心学习，连做梦都在说这种语言。

经过3个月的学习，他居然奇迹般地掌握了这种语言，并能够自由地阅读希腊原文的《奥德赛》和《伊利亚特》，发觉了许多以前没有领悟到的美。

1871年春，托尔斯泰的健康状况开始不佳，常常咳嗽、肋痛、浑身乏力。索尼娅很担心丈夫的健康，托尔斯泰也担心自己染上肺病，于是在索尼娅的催促下，于6月初再次前往萨马拉平原进行疗养。

第二次萨马拉之行，使托尔斯泰对这里的感情进一步加深。他在给老朋友费特的信中说：

"这里真是美极了！要不是有点怀乡病，我简直快乐死了！"

同时，萨马拉的"美丽、健康，特别是它的简洁和它的朴实的人民"，让托尔斯泰下定决心在这里购置地产。

经过6个星期的治疗，托尔斯泰的健康大为好转。对妻子和孩子们的思念，促使他很快就回到了波良纳。

（二）

由于家里人口增加的需要，19世纪70年代初期，托尔斯泰对亚斯纳亚·波良纳的住宅进行了扩建，在原来老房子的一侧新建了一座两层楼房。楼下除了前厅、仆役室外，就是托尔斯泰的书房。

托尔斯泰非常喜欢这间新建的陈设简单而又宁静舒适的书房。也就是在这间书房中，他完成了经典名著《安娜·卡列尼娜》，并因此被称为"艺术之神"。

1870年2月24日，索尼娅在日记中写道：

> 昨天晚上他（托尔斯泰）对我说，他的脑子里出现一个出身于上流社会，但堕落的已婚妇女形象。他说，他的任务是将这个妇女写得只显得可怜而不显得有罪；还说，这个形象一出现在他眼前，所有以前已经想到的人物和男性典型便都围绕这个女子聚集起来，各人获得各人的位置。

尽管构思尚未成熟，托尔斯泰也没有马上动笔，但以家庭为核心展开事件，这一点已经确定无疑。托尔斯泰后来还说，这部作品是他喜爱的"家庭的思想"。

在小说的酝酿阶段，有两个人对主人公形象的设计和塑造产生了影响。一个是一位名叫安娜·斯切潘诺夫娜的年轻妇女，是托尔斯泰的邻居亚历山大·比比科夫的情妇，因为嫉妒比比科夫同家庭女教师的关系而自杀。

这件事引起了托尔斯泰的注意，他后来小说的女主人公就叫安娜，而且她们结束生命的方式也完全相同。

另一个是普希金的女儿玛利亚·亚历山德芙娜·加尔蒂克。有一次，托尔斯泰与妻妹塔尼娅一起去图拉省参加舞会。在那里，托尔斯泰见到加尔蒂克，并为她仪态万方的美貌、得体的发型和服饰所吸引。后来，托尔斯泰还与她进行过长谈。可以说，小说中安娜的外貌原型主要取自于加尔蒂克。

1873年早春，托尔斯泰用了约莫两个月的时间，奋笔疾书，草成了小说的第一稿，但当时的篇幅还比较小。可能是因为太容易就把小说的初稿写出来了，托尔斯泰的创作激情一下子又消失了，他只好将小说的事暂时搁置一边。

这年夏天，托尔斯泰又去了萨马拉草原。从那里回来后，他对已经写成的东西的评价起了根本性的变化，认为它用的是"最轻率、最不严谨的风格"。于是，他决定推倒重来，使之彻底改观。

到了秋冬季节，托尔斯泰又沉浸在他那心爱的工作中了。他不但继续创作《安娜·卡列尼娜》，还以他那固有的一丝不苟的性格一次次修改已经完成的章节。所以，当有人建议他在文学丛刊《群力》上先发表一部分稿件时，他坚决拒绝了。

直到1874年3月，托尔斯泰才将重新写就的小说开头部分的7个印张的手稿交给《俄罗斯导报》的出版人科特科夫，准备在该杂志上陆续刊出。

然而到了7月份，当他收到小说开头部分的校样后，又感到不满意了。最后，托尔斯泰毅然舍弃了那几个样张，而"将有关列文和沃伦斯基的开头部分全部重写过"。他一遍又一遍地修改或重写，现存的《安娜·卡列尼娜》开头部分的手稿就有10种之多。

从小说的初稿到最后定稿，无论从故事情节，还是从人物刻画上，都发生了巨大的变化。在原来的构思中，女主人公安娜是一个令人厌恶的女人，智力低下，崇尚肉欲和感官享受，卖弄风情，趣味低俗，在宗教问题上更是假仁假义。她迷上了年轻的军官沃伦斯基，并离开了丈夫卡列宁，嫁给了沃伦斯基。而她的丈夫卡列宁虽然外表比较平

庸，但内心善良，为人真诚；沃伦斯基则英俊潇洒，还能写点诗。但安娜对新建立的家庭和自己的孩子都没有真正的感情，她不仅毁了两个善良的人，自己最后也以自杀的方式结束了人生。

这部小说最初设想的名字有《两段婚姻》《两对夫妻》《年轻太太》等。

而在定稿中，安娜、卡列宁和沃伦斯基的形象都发生了变化。女主角安娜具有非凡的魔力，成为高尚动人的、诚实的、真挚的人，而沃伦斯基和卡列宁则在安娜的精神和肉体两方面的美的鲜明对比之下，显得有些黯然失色：卡列宁成为一个麻木不仁的"政府机关里的机器"、冷酷无情的官僚；沃伦斯基则成了彼得堡花花公子的典型。无论在精神上，还是在智力上，他们都比安娜贫乏得多。

这种主人公形象发生的变化，也表明作者已在小说的创作主题思想上经过了全盘的重新考虑。

（三）

1875年，《俄国导报》上开始刊出《安娜·卡列尼娜》，在当年的前四期上发表了第一、二部和第三部的前十章。在这期间，卡特科夫曾从自己的趣味出发，要求托尔斯泰修改安娜与沃伦斯基接近的那一章。托尔斯泰断然拒绝了，他说：

"那一章我丝毫不能动它。鲜明的写实主义——像你所说的，乃是我唯一的工具。"

托尔斯泰在发表这部小说时，并不指望它会像《战争与和平》那样成功；相反，他还担心它会降低自己的声誉呢。但《安娜·卡列尼娜》一发表后就很受读者的欢迎。当斯特霍夫和费特告诉他读者对这部小说热烈欢迎的情形时，托尔斯泰却并不兴奋。他只是表示"非常、非常高兴小说没有损害我的名声"，因为他不相信小说能获得极大的成功。

1876年，在时隔半年之后，《俄国导报》的头四期又发表了《安娜·卡列尼娜》第三部的后18章和第四、第五部，同样引起了读者广泛的兴趣。

然而，托尔斯泰却对已发表的部分仍感到种种不满足。他一再表示，真希望能"改写全部已经发表的东西，删改一切，丢掉一切，放弃一切"。于是，他又暂时中止了小说后面部分的发表。

按照常规，托尔斯泰在夏天一般是不动笔写作的，主要精力都放在经营他在萨马拉草原购买的庄园上。直到9月份，他才从萨马拉草原回到波良纳的家中，等待灵感的产生。可是一直到11月，创作的灵感也没有产生，这让托尔斯泰感到很失望。

不过，在经过一段时间的"精神沉睡"之后，在1876年冬到1877年，托尔斯泰又一次"精神饱满而专注地"投入到小说最后几部的创作之中了。

1877年，《俄国导报》的头几期又刊出了《安娜·卡列尼娜》的第六部和第七部。第八部本来是准备在刊物的第五期上发表的，但由于托尔斯泰与卡特列夫在内容上出现分歧而作罢。

在这部著作中，托尔斯泰对当时俄国支持塞尔维亚人的志愿运动作了否定的描写，并且尖刻地讽刺了那些斯拉夫主义者和卡特列夫一类的可以用金钱收买的新闻界人士，因此引起卡特列夫的极大不满，并向托尔斯泰提出了种种删改要求。

托尔斯泰拒绝了卡特列夫的要求，并从他那里收回了第八部的手稿，以单行本的形式出版了这最后的一部。此后，托尔斯泰再也没有向《俄国导报》供稿。

《安娜·卡列尼娜》发表后，虽然引起了很大的反响，也受到了读者的喜爱，但书评界对此却是毁誉不一。屠格涅夫说：

"我不喜欢《安娜·卡列尼娜》，尽管也有一些确实出色的章节，如赛马、割草、打猎等，但整体来说是不愉快的，一股莫斯科的味道、古香古色的味道……还有斯拉夫主义、贵族主义以及其他诸如此类的东西的味道。"

民粹派理论家特卡乔夫认为，《安娜·卡列尼娜》是"沙龙艺术"的代表作，是"最新贵族风流韵事的史诗"，小说的特色是"可耻的内容空虚"。

涅克拉索夫对这部小说也不认可，他甚至还写了一首小诗揶揄《安娜·卡列尼娜》：

> 托尔斯泰，你巧妙而耐心地证明，
> 当一个女人做了妻子和妇人时，
> 她就不应该再跟任何人在一起"闲游放荡"，
> 不管是低级侍从或者高级侍从都一样。

但是，更多的人看到了这部小说的艺术价值和社会价值。陀思妥耶夫斯基在小说全文发表后，立即撰文指出：

"《安娜·卡列尼娜》是一部白璧无瑕的艺术珍品，当代欧洲文学中还没有哪一部作品可以与之媲美。……托尔斯泰简直就是'艺术之神'。"

评论家斯塔索夫也热情地赞扬道：

"列夫·托尔斯泰伯爵唱出了俄罗斯文学从未有过的高亢的调子。甚至普希金和果戈理两个人对爱情和激情的描写也未曾达到像托尔斯泰现在的深度和惊人的真实性……这部小说散发出了怎样的创造力和美感啊！是多么神奇的艺术真实的威力啊！……《安娜·卡列尼娜》将永远是一颗闪耀着天才光芒的明亮巨星！"

中年时期的托尔斯泰经常外出游历。有一次，他前往高加索时，路遇一个小伙子，两人结伴而行，找到一间小旅店住了下来。老板抱歉地说，挂蚊帐的房间已用完，他们只好盖两条薄毯来避蚊子了。第二天早上小伙子醒来时，发现同伴已不在房间里，便去问旅店老板。老板告诉他，他的同伴已用盐水洗过身子后走了。小伙子很奇怪，"为什么要用盐水洗身子？"老板说："他的身上被蚊子咬得异常厉害，奇痒难忍，他想用盐水止痒。我问他为什么不盖毯子，他说担心你被蚊子叮咬，于是干脆就一夜露着身体，让蚊子只去叮咬他自己。"小伙子深受感动。只是他不知道，那位喂了一夜蚊子的同伴就是伟大的文学家托尔斯泰。

第十三章　对生活状态的困惑

　　一个人必须把他的全部力量用于努力改善自身，而不能把他的力量浪费在任何别的事情上。

——托尔斯泰

（一）

　　到1873年时，托尔斯泰的家已经是个大家庭了——他有了6个孩子：4个儿子和2个女儿。长子谢尔盖已经11岁，而小儿子彼得才几个月。

　　为了让孩子们受到良好的教育和培养，尤其是为了女儿的教育，托尔斯泰觉得他们应该搬到城里去。但一想到城里的生活，托尔斯泰就感到恐惧，因此他请求亚历山德拉帮忙为孩子们找一位具有良好文化修养的家庭教师，还请求侨居在外的妹妹玛莎帮他从瑞士又请来一位家庭教师。

　　闲暇时间，托尔斯泰很喜欢逗弄孩子们，与他们一起玩耍。在宽敞的客厅中，托尔斯泰还喜欢给孩子们讲故事，或者弹奏钢琴给家人伴奏。他的二儿子伊利亚说：

　　"……我看见他躬身在琴键上，脊背由于用力而紧绷着，身旁站着漂亮的、情绪高昂的姨母塔尼娅。她的眉毛向上扬起，眼睛里闪着火一样的光亮。我听着她那清脆的、略带颤音的歌声，又洪亮又温柔。"

　　然而，这个热闹而愉快的家庭在经过多年的欢乐之后，悲痛接踵而来。1873年11月，死神在托尔斯泰婚后第一次跨入他的家门。11月9日，他最年幼的儿子，仅一岁半的彼得患咽喉症夭折了。小彼得聪明伶俐、健康活泼，是托尔斯泰夫妇最疼爱的一个孩子。彼得的去世，让托尔斯泰夫妇很长一段时间都不能摆脱丧子之痛。

　　1874年夏天，曾给托尔斯泰童年时代带来母亲般关怀，并陪同他走完大半个人生的塔基亚娜姑妈也离他而去了。托尔斯泰在日记中详细地记述了她去世时的情景：

　　　　她死的时候已经不认识任何人，可是我，她总认识。她的眼睛微笑地闪耀着，如同一个人按了电钮，那电灯就亮了一样。有时，她还试图蠕动嘴唇轻唤尼古拉（托尔斯泰的父亲——编著注）的名字。这样在死亡中，她整个地、不可分离地把我和她爱了一生的他结合在一起了。

　　直到晚年，托尔斯泰还经常回忆起塔基亚娜姑妈。他说：

　　"我怎么能不尽情地赞美她呢？怎么能忘却她呢？她去世之后，我的悲痛真的无法形容，因为在她生前我对她的关心不够。"

　　1874年4月22日，索尼娅又生了一个儿子，取名尼古拉。但这个可怜的孩子只活了10个月，便死于水肿病。

　　1875年11月，索尼娅又早产了一个女儿。可孩子生下仅仅2个小时，便又夭折了。

　　然而死神并未远走。一个半月后，比拉盖亚姑妈也去世了。

　　托尔斯泰不由自主地在自己家里同死神相周旋。两年之内，他失去了3个孩子和两位姑妈。于是，他越来越容易想到死的问题。他在1876年2月21日给二哥谢尔盖的信中说：

　　"生活中除了死亡之外，没有任何东西，这一点我不断地感觉到。"

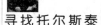

也是在这种环境之下，托尔斯泰对宗教的态度开始发生了微妙的变化。1875年，图拉神学院里一个名叫瓦西里·伊凡诺维奇的神父被请来给托尔斯泰的孩子们讲授神学。

开始时，托尔斯泰很少和神父交谈，但这年的冬天，一场暴风雪将神父留在了托尔斯泰的家中，托尔斯泰才开始与他谈天。两人从晚饭后一直谈到第二天拂晓。从这天开始，托尔斯泰便变得深沉了许多。

此后，他常常与瓦西里神父交谈，并开始有规律地到教堂中做礼拜，难得有一个星期日不去。这让整个村子的人都感到奇怪，人们互相询问：

"神父与他说了什么？怎么他会突然跑到教堂来了呢？"

然而，在宗教信仰方面，托尔斯泰还处于一种彷徨徘徊之中。1876年4月6日，他在给亚历山德拉的信中写道：

> 说来又奇怪又可怕：对于宗教训诫，我统统不相信，而同时我不仅仇视和蔑视没有信仰，还认为没有信仰就绝对无法生活，尤其是不得善终的。所以，我给自己制定了一些信条，这些信条虽然坚定，但却很不明确，很不令人满意。当理智询问时，这些信条能够圆满回答；而当心灵受苦，要求回答时，就得不到安慰和支持。我带着理智的要求和基督教的现成答案自处时，那处境犹如要两条合在一起、却被手指顶住的胳膊。我希望能够合二为一，但越是努力，情况就越发糟糕。

（二）

在托尔斯泰的精神处于惶惑不安的时候，音乐对他的诱惑增加了。1876年12月，托尔斯泰在莫斯科逗留期间，结识了著名作曲家

柴可夫斯基。

柴可夫斯基从青年时代就很崇拜托尔斯泰，认为他具有超人的才能，将托尔斯泰视为"半人半神"的偶像。

应柴可夫斯基的要求，莫斯科音乐学院院长鲁宾斯坦专门为托尔斯泰举办了一次音乐会。音乐对托尔斯泰产生了强烈的影响，他对音乐的感觉也不是一般的欣赏，而是从心灵上去感应。因此，有时音乐可以冲破他潜在的思想和感情的闸口，给他的整个身心带来震撼，让他难以自持。

在结束了《安娜·卡列尼娜》的写作后，托尔斯泰便将更多的精力用于宗教问题的研究上。1877年4月14日，他在给费特的信中说：

> 您对我首次谈到神——上帝，而我早就已经在不断地探索这个首要问题了。人不能考虑这个问题吗？千万不能这么说。人不仅能，而且必须考虑它！不论在什么时代，最好的、真实的人都考虑它。如果我们不能像他们那样看待这个问题，我们就必须找出一条路子来。

同时在给亚历山德拉的信中，托尔斯泰还称宗教"成为我心目中的救星，已经有两年之久"。此时的托尔斯泰渐渐感到，通往上帝之路就是拯救生命之路，因此他决心探索这条路。

1877年7月底，托尔斯泰在斯特拉霍夫的陪同下，第一次拜访了距离波良纳143千米的奥普京修道院。在这里，托尔斯泰与修道院的主持阿姆夫罗西长老进行了多次长谈。

从修道院回来后，托尔斯泰开始阅读各种不同倾向的哲学与宗教著作，希望能从中找到令他百思不得其解的问题——生活的意义、上帝的实质和意义等问题的答案。在这一时期，托尔斯泰无论做什么，即使是打猎，也是在猎取思想，整天萦绕在他脑海的都是生与死的真谛、宗教和哲学的矛盾与冲突等等。不久之后，托尔斯泰就写出了《基督教教义问答》和《宗教的定义》两篇文章。

对自己过去生活的反省和对人生真谛的探求，使托尔斯泰认识到，自己以前的一些做法是不符合真正的、或者说是"最纯洁的"基督教教义的。例如他认为，人在世界上是不应该有任何敌人的。在这种心态的趋势下，1878年4月6日，他主动写信给屠格涅夫，向他伸出了和解之手。信中说：

> 近来在回顾我与您之间的关系时，我又惊奇又高兴。我感到，我现在对您已经毫无敌意。愿上帝保佑，希望您也同我一样有如此感受。如果是这样，那么就让我们伸出彼此的手来，并请您彻底原谅我从前对不起您的一切地方。
>
> 对我来说，只记得您的好处是很自然的，因为您对我的好处曾经是那么多得不可胜数。我记得，我的文学荣誉承情于您；我也记得，您是多么喜欢我的创作和我本人。也许，您也可以找到关于我的同样良好的回忆，因为我也曾经真诚地热爱过您。
>
> 我现在真诚地（如果您能原谅我的话）向您献出我所能献出的全部友谊。在我们这种年纪，唯一的幸福是能够与人们和睦相处。如果我们之间能建立起这种关系，我将感到十分高兴。

一个月后，屠格涅夫收到了托尔斯泰的这封信。在读信时，屠格涅夫感动得老泪横流，当天就给托尔斯泰写了回信，称托尔斯泰的信让他"非常高兴，非常感动"，同时也"非常愿意恢复我们过去的友谊"。同时，屠格涅夫还表示，他准备到奥尔洛夫省，到时他会与托尔斯泰见面。

8月初，托尔斯泰一家从萨马拉回来，屠格涅夫的信也到了，并称他将在8月7日到达图拉省。

这一天，托尔斯泰亲自驾着马车到图拉车站，欢欣愉快地迎接屠格涅夫。从争吵发生后，两人已经有17年未见了。如今，俄罗斯两位杰出作家的手终于又紧紧地握在了一起。

在波良纳庄园，屠格涅夫受到了托尔斯泰一家热情的款待，过得十分愉快。他与托尔斯泰一起谈论宗教和哲学，与托尔斯泰的长子谢尔盖下棋，听塔尼娅歌唱，与几个孩子做游戏。他那乐观的性格、富有朝气的举止和出色的谈吐，赢得了托尔斯泰一家人的好感。

此后，托尔斯泰与屠格涅夫两人的交往恢复了正常，书信往来也多了起来。

（三）

1877年4月，俄国和土耳其之间的战争再度爆发。8月，俄军在战场上失利。这件事牵动了托尔斯泰的心，他觉得，在距离克里米亚战争20年后，俄国不是变得强大了，而是更加积弱无能了。

为了对这一历史现象做出解释，托尔斯泰对1828年至1829年的俄土战争进行了研究，由此又重新想起了1825年的十二月党人起义。一种创作的激情令托尔斯泰在1878年初再次提笔构思起长篇小说《十二月党人》来。

他广泛收集资料，甚至不只一次地前往莫斯科，走访幸存的十二月党人斯维斯图诺夫、穆拉维约夫和其他人及其亲属，并且仔细参观了关押过十二月党人的彼得罗巴甫洛夫斯克要塞。

所见所闻，激起了托尔斯泰内心一阵阵的感情波澜。到11月份，所有的构思、形象和时间都已酝酿成熟，然而在动笔时，托尔斯泰仍感到有些史料尚不清楚。为了能获得更加详尽的资料，托尔斯泰到彼得堡第三厅保存有十二月党人秘密档案和肖像的地方求助，但第三厅的

档案只有沙皇特许才能查阅。托尔斯泰想尽办法，最终也未能如愿。无奈，他的这个创作计划只好搁置起来。

诚然，托尔斯泰放弃了这部构思宏大的长篇史诗有着各种各样的客观原因，但考虑到《安娜·卡列尼娜》即将结束时，他那么强烈地关注宗教和哲学领域里的问题，可见这部作品被搁置的更主要原因应该在于托尔斯泰精神上的风暴已经逼近了。

在那期间，托尔斯泰多次在致友人的信中表示，他非常希望有空暇的时间去从事比教育和创作更重要的事情，他"已经没有力量和时间去实现"自己的创作计划了，目前对他来说最迫切的是要完成"个人方面的计划，内心方面的，那就是：拯救灵魂"。

托尔斯泰对自己的生活状态越来越不满，世界观产生了深刻的危机。他深思熟虑后得出一个结论：地主阶级（他自己就属于这个阶级）不能重新振作起来，不能拯救他所热爱的祖国的命运，也不能建立一个使人人幸福的合理社会。他看到那些与老百姓毫无共同之处的满脑肥肠、高高在上的沙皇官吏和官僚，以及大臣和教堂执事，他们不但不能、也不想改变现状。

他看到人民群众因饥饿和贫困濒于死亡，过着悲惨的生活；他看到了两个世界——剥削者的世界和被剥削者的世界——之间不可逾越的鸿沟。因此，他明白了：他的各个阶级团结的全部理想、全部希望都将成为泡影。地主和农民的利益永远都不可能一致，而且农民本身也从来不相信地主能令他们摆脱困苦和贫穷。

托尔斯泰清楚地看到：政府、地主、商人和神甫们都在欺骗人民。这让他陷入一种心烦意乱和绝望之中，甚至像《安娜·卡列尼娜》中的主人公列文一样，想过要自杀。

到底该怎样活下去？以后应该怎么办？在哪里能找到精神的支柱？

托尔斯泰再一次将自己的视线转向了劳动人民。

有一次，衣着朴素的托尔斯泰路过码头，被一位贵夫人当成了搬运工，叫他过去扛箱子。托尔斯泰不仅没生气，还跑过去为贵夫人搬运完了箱子，贵妇人随即给了他5戈比的奖赏。这时，码头有人认出了托尔斯泰，便纷纷围过来向他问好。那位贵夫人见状后，羞得无地自容，想要回那让她含羞的5戈比，却被托尔斯泰拒绝了。他说："这是我的劳动所得，我很看重这个钱，不在乎有多少。"

第十四章　迁居莫斯科

在富有、权力、荣誉和独占的爱当中去探求幸福，不但不会得到幸福，而且还一定会失去幸福。

——托尔斯泰

（一）

托尔斯泰对宗教和道德问题的兴趣与日俱增，他渴望为自己找到一种可以摆脱精神危机的信仰。这种痛苦的求索过程后来在他1882年问世的《忏悔录》中清楚地体现出来：

5年之前，我开始遇到一些非常奇特的情形：起初，我有些迷惑不解，生命停顿了，我似乎不知道究竟该怎样活着，该做些什么。我惶惶不安，心情抑郁。但这种时候已过去，我还像原来一样活着。

后来，这种困惑的时刻越来越多，而且来时总是以同样的形态。它们总是以这样的疑问表现出来，这到底是为什么？这到底会达到什么样的结果？

……生命已经让我厌烦，某些难以克制的力量诱使我找机会摆脱它。不能说我想自杀，诱使我摆脱生命的力量比生的欲望更强大、更充沛，也更带有一般性。这种力量和原先求生的力量相仿佛，

105

只不过方向截然相反罢了。我竭尽全力要抛弃生命，自杀的念头自然而然地产生了，就好比过去产生过改善生命的念头一样。为了避免贸然实现这种想法，我不得不采取一些巧妙的方法来对付自己。

……

慢慢地，托尔斯泰心头的迷雾开始散去。

……我一直以为，有钱、有学问、有闲的小圈子里的人就是人类的全体，我自己就属于这个小圈子，而千百万生活过的、正在生活着的别人却有些像牛马——并不是真正的人……很久以后，我才开始认识到，并且发问："千百万生活过的、正在生活着的平常人的生命又有什么意义？得到过什么意义呢？"

我本能地感觉到，如果我还要活，还要了解生命的意义，我一定不能在这些已经失去生命意义的、正在盘算自杀的人们中间去寻找，我必须在过去和现在的成百上千人群中去寻找。他们了解生命的意义，他们担负他们自己生活的重担，甚至还担负着我们生活的重担。

托尔斯泰逐渐找到了答案，那就是信仰、宗教信仰。

我发现了成千百万的人类早就有过，现在也有着一种对生命的意义的知识，那种知识就是他们的信仰。

……然而，信仰还是像以前一样不可理喻，但我又不能不承认，只有信仰给人类答复了生命的问题。而使得人们生活下去成为可能，也是因为有信仰。

……信仰是生活的力量，如果一个人活着，他就是有信仰的。如果他看不到、认不清有限事物的虚幻，他就信仰有限；如果他看到了有限事物的虚幻，他必然要信仰无限了。没有了信仰，他就不能活。

　　正是在这种思想的驱使之下，在70年代末，托尔斯泰对宗教问题异常关注。他定期到教堂做礼拜，严格进行斋戒，甚至当医生因为他的健康问题而劝他放弃斋戒时，他都要跑到修道院去征求意见。直到从有名的修道士列奥里德那里获得允许后，他才放弃斋戒。

　　1879年下半年，为了对宗教信仰有更深的了解，托尔斯泰接连走访了俄罗斯的几个著名修道院。6月，他去了基辅，那里有著名的基辅山洞修道院，是俄罗斯的主要圣地之一。

　　9月，托尔斯泰去了莫斯科，会见了莫斯科宗教界的首领人物阿列克谢大主教和马卡里主教。10月，他又走访了谢尔盖三一大教堂，与教堂主持列昂尼德进行了交谈。12月，他又与图拉的尼坎德尔大主教会面。

　　然而，这一系列访问和交谈却令托尔斯泰深感失望。他在日记中写道：

　　　　尽管我做出了一切可能的让步，避免争论，我仍不能接受这些人的宗教信仰。因为我发现，被他们当做宗教信仰的，不是对生命意义的一种说明，而是一种模糊的概念。他们自己肯定有自己的宗教信仰，并不是为了回答把我引向宗教信仰的生命问题，而是为了某些其他与我格格不入的目的。

　　　　……我清楚地感到，他们在欺骗自己，他们像我一样，除了能活着便是活着，凡是能到手的东西都不放过，不存在其他的生命意义。……他们的宗教信仰不是宗教信仰，而只是生活中一种伊壁鸠鲁式的安慰。……它对生来不是享受别人的劳动，而是创造生活的人类大多数毫无用途。

　　由此，托尔斯泰对东正教以及东正教教会的信念动摇了。1879年10月，他第一次在日记中写下这样的话：

"从3世纪末以及更早的时期开始，教会就是一连串的谎言、残忍和欺骗。"

在同年的11月和12月间，他还写了《教会与宗教》《基督教可以做什么，不可以做什么》两篇文章，强调了官方教会与福音教义的南辕北辙。也是在这个时候，托尔斯泰决定整理自己的思想，着手写作《忏悔录》和《教诲神学批判》。

（二）

1880年春，屠格涅夫回到俄国参加纪念普希金诞辰80周年的庆典活动。受主持此次活动的委员会委托，屠格涅夫专程前往波良纳庄园，邀请托尔斯泰一起参加这次文坛盛会和普希金纪念碑的揭幕典礼。

与以往几次一样，屠格涅夫受到了托尔斯泰一家的热烈欢迎，但他的使命却未能完成，托尔斯泰断然拒绝了邀请。拒绝的理由，不仅在于托尔斯泰向来对这种充满做作的热心的纪念活动缺乏兴趣，还在于这时他对包括普希金在内的俄国文学开始有了新的评价。更主要的是，托尔斯泰觉得这件事与他正在进行的生命意义的研究和探索比起来显然不是重要的。

托尔斯泰的此举令屠格涅夫和俄罗斯整个文学界都感到震惊。格里格洛维奇更是干脆扬言：

"托尔斯泰几乎疯了，也许已经完全疯了……"

陀思妥耶夫斯基想再次到波良纳庄园去劝说托尔斯泰，屠格涅夫劝阻了他，说托尔斯泰现在只关心宗教问题，对任何谈话都不感兴趣。所以，拜访他可以，但动员他参加典礼，那就想都不要想了。

1881年6月，托尔斯泰第二次前往奥普京修道院，随行的是他的仆人阿尔布佐夫。与上次不同的是，此次托尔斯泰身穿布衣，脚蹬树皮鞋，肩背布行囊，完全一副农民的打扮。这一次，他追求的是在普通人的世界里，在与那些"贫穷、朴实、没有学问但又有信仰"的农民

广泛接触中，接近他们的朴素生活，了解他们那些有益的见解，目的是最终与那个纯真的境界即上帝的世界融为一体。

一路上，托尔斯泰饱经辛苦，但对这次出行却毫不后悔。他认为，这是一次对于确立生活观最重要和最有意义的旅行。

然而，到达修道院后，接待他们的修士见他们的样子不像有钱人，便没有让他们进较好的食堂，而是把他们送到最破烂的流浪者吃饭的屋子里。吃完饭后，他们到三等客栈去住宿，负责接待住宿的修士见他们穿得破破烂烂，就不给他们房间，而要将他们送到又脏又破的普通客栈去过夜。

第二天，托尔斯泰参观修道院的书店，想看看那里有什么精神食粮供给人民。在那里，他遇到了一位老妇人，她向书店的修士要一本福音书送给她的儿子，但书店修士却说，对于他们那样的人，福音书是不合适的，于是就找了一本描写修道院和圣者行迹的书给她。

托尔斯泰实在看不过去，就自己花一个半卢布买了一本福音书送给老妇人。这令书店修士很惊讶，因为一个穿得像贫民的人居然出手如此大方。他马上派人将此事告诉修道院院长，院长派一名修士前来询问。恰好这名修士来自亚斯纳亚·波良纳，因此立刻认出了托尔斯泰。

托尔斯泰只好换了衣服，去见阿姆夫罗西长老。两个人又进行了一次长谈，但并不愉快。

托尔斯泰在奥普京修道院并未久留，他对长老们深感失望，然而对那些普通的老百姓却越来越赞赏和钦佩，普通人民的智慧和善良更令他赞叹不已。从这次以后，托尔斯泰同东正教离得更远了。

从奥普京修道院回来后，托尔斯泰又于同年7月到萨马拉草原去进行马奶酒治疗。在萨马拉草原，每天一大早，托尔斯泰就起床，然后骑马外出，找老年人聊天，或者愉快地打水鸭子。

不论是路途的艰辛，还是行旅中的困难，抑或年龄，都没能让托尔斯泰停下脚步。索尼娅说他"像个疯子一样寻找着风暴"，托尔斯泰对这句话表示赞同。

托尔斯泰的世界观发生了改变，尤其是在宗教道德观念上发生了变化，这也给他的家庭带来了不和，导致他与妻子之间关系日渐紧张，并且让他在精神上感到更加孤独。

（三）

1881年秋，托尔斯泰一家迁居到莫斯科，这是孩子们小时候就决定了的事。现在，孩子们都长大了：长子谢尔盖已满18岁，想报考莫斯科大学；长女塔基亚娜17岁，爱好绘画，想进莫斯科美术雕塑学院深造；二儿子伊利亚和三儿子列夫也该上中学了。而夫人索尼娅早已在乡下待够了，非常渴望城市生活。

托尔斯泰虽然不愿住在大城市里，但拗不过一家人的要求，只好在莫斯科租了一套住宅，全家于当年9月搬到了莫斯科。

在莫斯科刚刚住了一个月，托尔斯泰就感到十分痛苦。10月5日，他在日记中写道：

> 臭味、瓦砾、奢侈、贫穷、腐化，掠夺民众的恶棍集合在一起，他们招募士兵，雇用法官，以保护他们寻欢作乐、花天酒地的生活。人民再没有其他办法，只好利用这些人的欲壑，把被夺走的东西再从他们手里骗回来。农民对这种事最机灵，他们把妻子留在乡下，而他们就给我们的地板打蜡，在澡堂里给我们搓背，还要充当马车夫。
>
> 一个月过去了，我生平最痛苦的一个月。迁居莫斯科，大家都忙着布置——他们什么时候才能开始过日子呢？这一切的安排都不是为了过日子，而是为了排场。真是不幸。这不是生活。

为了摆脱苦闷，托尔斯泰乘船渡过莫斯科河，登上麻雀山，远离城市生活，在大自然的怀抱中求得休息。当他在树林中遇到做活的农人，就愉快地与他们一起锯木头、劈柴，长时间地交谈。

托尔斯泰还从莫斯科前往特维尔省去会见与自己志同道合的农民修塔耶夫。这位农民同托尔斯泰一样，否定一切暴力，不承认私有制，否认官方的教会和宗教仪式，宣扬兄弟情谊与博爱，还认为基督公社是实现"按上帝方式生活"的理想形式。他说：

"田地不该分，森林不该分，房屋不该分，这样，房屋就不必上锁，警卫就可以撤销，贸易无需存在，法官无用，战争也不会发生。大家同心同德，不分你我，一切都属于公社。"

托尔斯泰在拜访了修塔耶夫之后，修塔耶夫又到莫斯科拜访了托尔斯泰。在城市里，修塔耶夫的举止淳朴而又得体，同任何人交往都落落大方。当他讲话时，人们觉得他所讲的每一句话都是经过深思熟虑而且有充分根据的，要动摇他的信念是不可能的。

托尔斯泰说，他同修塔耶夫是不同的两个人，但却悟出了同一种信仰。修塔耶夫的宗教热情对深感孤独的托尔斯泰是一种心灵上的安慰。

修塔耶夫的儿子因为拒绝宣誓，不去服兵役，被遣送到施吕瑟尔堡感化营。而修塔耶夫在托尔斯泰家中逗留引起了警察的怀疑，宪兵们来到托尔斯泰家，要求托尔斯泰解释修塔耶夫的信仰和来莫斯科的目的。托尔斯泰认为自己完全没必要向宪兵解释，并指了指门，请他们离开。

不久后，修塔耶夫就离开了莫斯科，这让托尔斯泰既难过又气愤。

1881年10月31日，托尔斯泰的小儿子阿列克谢诞生了，但这并没有让托尔斯泰爱上在莫斯科的生活。他对上流社会的交际没有兴趣，希望了解城市中贫民的生活。

1881年12月，托尔斯泰顶着凛冽的寒风，访问了莫斯科穷人聚居的希特罗夫市场，第一次面对面地看到了病弱憔悴的城市贫民，以及他们夜间栖身的廉价夜店。那里的情形让托尔斯泰感到惊讶和愤慨。

市场的周围到处都是衣衫褴褛、缺衣少食、甚至随时可能倒毙街头的流浪汉、乞丐、妓女、失业者和农民。托尔斯泰与他们攀谈起来，了解到这些贫民中不少都是来自外省的农民。他们在农村待不下去了，就只好流落到城市里打工糊口。可工作没了，就得挨饿、乞讨，甚至连回家的路费都没有。

托尔斯泰充满同情地从附近的小贩那里要来几杯热糖水，并掏出自己随身带的零用钱准备给他们。没想到周围的穷人蜂拥而上，"他们的脸一张比一张更可怜、更疲惫、更屈辱"。这一切让托尔斯泰感到不寒而栗。

（四）

回到家后，托尔斯泰走上铺着地毯的楼梯，走进铺着布地毯的大厅，脱下他的皮大衣。这时，餐桌上已经摆好了有五道菜的晚餐，两个身穿号衣、打着白领结、带着白手套的仆人在一旁服侍着。这顿晚餐让托尔斯泰难以下咽，他想到了那些没饭吃、没屋子栖身的穷苦人。在莫斯科，生活着成千上万那样的穷人，而自己却饱食着牛排和鲟鱼，用布匹和地毯覆盖着马匹和地板。"这是一种罪恶——不管世界上一切有学问的人会怎样说它们是必须的——是一种不只犯一次，而且在不停地犯着的罪恶"。

这天晚上，托尔斯泰将自己在希特罗夫市场的见闻说给一位来访的朋友听，不料朋友却不以为然。他说事情一直就是这样的，而且也必须这样，这是文明国家里一种不可避免的情况。

托尔斯泰被朋友的观点激怒了，开始反驳朋友。他讲得那么激动，甚至热泪盈眶，以至于索尼娅从隔壁跑过来，问到底发生了什么事？

只见托尔斯泰站在那里，冲着他的朋友挥动着胳膊，大声喊道：

"一个人不能够那样生活，不能！"

托尔斯泰开始对自己占有的财产感到痛苦，并开始产生了摆脱财产的想法。他在日记中写道：

"把我所有的东西都交出去，这不是为了行善，而是为了做一个罪过比较轻的人。"

此后，他开始广泛地向四周散发钱财。托尔斯泰的这一行为令索尼娅感到十分震惊。她后来回忆说：

"列夫新近的心情，还表现在他突然不分青红皂白地开始散发出许多钱财，对一切人都有求必应。我也试图劝阻他，对这种施舍也应该有个节制，应该知道你把钱都给了什么人？你为什么要给他？但是，他总是用福音书里的名言回答我：'有求你的，就给他。'"

索尼娅当然不了解，托尔斯泰这样做是为了解脱自己身上的罪恶，解除私自占有财产的罪恶。自从他经历了心灵和精神的风暴，对自己进行自我改造以来，现在到了他接受、并要去奉行那些确定了的观点的时候，私有财产就成为他不能忍受的了。

托尔斯泰还想进一步了解贫民生活，于是在1882年初，托尔斯泰主动要求参加莫斯科的人口调查。他将此次人口调查看成是一次可以开始慈善救济的大好机会。

托尔斯泰被分配到斯摩棱斯克市场区的普罗多奇胡同，这里是"最可怕的贫困和堕落的巢穴"——勒扎诺夫大杂院。这是按照房产商人勒扎诺夫的姓氏来称呼的。

莫斯科人口普查为期三天，托尔斯泰在《论莫斯科人口普查》一文中说，普查的目的是学术性的，人口普查应该揭示改善人们生活的规律和结论。他认为，"数字和结论将是一面镜子"，在这面镜子中，能看到成千上万无衣无食的人是怎样生活，有多少人由于饥寒交迫而濒于死亡。

参加人口普查后，托尔斯泰对统治阶级更加痛恨，对一切被压迫和被奴役者的同情也更加强烈。城市生活令人窒息的气氛让他喘不过气，难以忍受，他渴望回到亚斯纳亚·波良纳。到1882年2月，托尔斯泰终于独自一人回亚斯纳亚·波良纳去生活了。

有一次，作家索罗古勃到托尔斯泰家中作客。索洛古勃说："您真是位幸福的人，您所喜爱的，样样都有。""不！"托尔斯泰马上纠正道，"并不是我喜欢的样样都有，而是我有的，样样我都喜欢。"

第十五章　农民伯爵

一切使人团结的是善与美，一切使人分裂的是恶与丑。

——托尔斯泰

（一）

在回到亚斯纳亚·波良纳后，托尔斯泰的心情也无法平静下来。他强烈地希望改变自己的生活，认为"我们这些不但富有而且享有特权的所谓有教养的富人，在错误的道路上已经走得太远了，因此我们要猛醒回头"；"一个人如果真的不喜欢奴隶制，也不想奴役别人，那么他要做的第一件事，就是不通过为政府效劳的方式、不通过占有土地的手段、也不利用金钱的手段享受别人的劳动"。

1882年2月，托尔斯泰曾返回莫斯科小住，但几天后就又回到波良纳。托尔斯泰的这种近乎狂热的精神追求给他的家庭蒙上了一层阴影。索尼娅希望丈夫对宗教问题的热情能冷却下来，重新做一个关心孩子的父亲、体贴妻子的丈夫和撰写传世巨作的作家；而托尔斯泰则希望索尼娅同情并认同自己的信念，理解自己的追求。但是，他们却越来越深刻地意识到了彼此之间的分歧。

由于妻子的一再要求，托尔斯泰在莫斯科城里又买下一所住宅。这所住宅位于城市的西南角，距离莫斯科河不远的织匠巷。在经过一番

装修整理后，10月，一家人迁入了新居。

很快，这所房子里也像在亚斯纳亚·波良纳庄园一样，成为人们向往的地方。在以后的岁月里，来自国内外的人士络绎不绝地来到这里，拜访他们景仰的作家和志同道合的朋友。其中，画家列宾就是这里的常客。

托尔斯泰与列宾于1880年秋天相识，从此便建立起终生不渝的友谊。他们常常一起交谈。列宾后来回忆说，托尔斯泰的"谈话充满热情，极其激烈，让我感到不安，脑子里常常萦绕着他那对陈腐生活的尖刻评论"。

1882年4月，托尔斯泰从格里格洛维奇那里得知屠格涅夫患病的消息后，感到非常不安。托尔斯泰筹划着动身前去探望。

然而遗憾的是，屠格涅夫的病情不断恶化，终于不治。1883年6月底，在病危期间，屠格涅夫勉强支撑着自己的病体，亲手给托尔斯泰写了一封信：

> 亲爱的、尊敬的列夫·尼古拉耶维奇，我很久没有给您写信了，因为我，照直说吧，已经卧床不起，快进坟墓了。我不可能痊愈，无需指望了。我现在写这封信，是特别想告诉您，我是多么高兴能够做您的同时代人，同时也是为了向您陈述我的最后请求。我的朋友，回到文学事业上来吧！要知道，您的文学才华是上天赋予您的。啊，要是我能知道，我的请求对您起了作用，我将会多么幸福！

> ……我的朋友，俄国大地上的伟大作家，请接受我的请求吧。如果您收到这封信，请让我知道，并请允许我再次紧紧地拥抱您、您的妻子、您家中所有的人。我不能再写了，很疲惫。

这是屠格涅夫的最后一封信。1883年9月3日，屠格涅夫与世长辞。

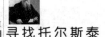

他要求将自己葬在彼得堡别林斯基的身旁，人们照作家的要求办了。

噩耗传来，托尔斯泰的心情极其沉重。那些天，他总是念叨屠格涅夫，还四处打听屠格涅夫患病和逝世前的详情。

不久，俄罗斯文学爱好者学会筹备举行屠格涅夫纪念会，并邀请托尔斯泰参加。这次，托尔斯泰欣然答应，并准备在会上作公开的演讲。

消息传出后，整个莫斯科都为之轰动。然而，政府当局十分担心托尔斯泰会在演讲上发表过激的自由思想言论，因此，莫斯科总督多尔戈鲁科夫公爵要求俄罗斯文学爱好者学会主席尤里耶夫用"体面的理由"宣布该会筹备的屠格涅夫纪念会"无限期延迟"。

（二）

沙皇政府和东正教教会对托尔斯泰的言行感到害怕和不满。1882年9月中旬，当局传令各地，密切注视托尔斯泰与分裂教派关系上的"有害活动"；9月底，莫斯科警察局开始派特务秘密监视托尔斯泰。

这年的12月和1883年的9月，托尔斯泰又分别拒绝担任克拉皮文县贵族长和法庭陪审员职务，这更加引起当局，包括沙皇亚历山大三世本人的愤怒，认为"政府应该给予无条件谴责，必须采取必要措施以防止类似的、非善意的现象发生"。

1883年夏，托尔斯泰的《我的信仰是什么》一文脱稿，9月底付印。但他照例又重新改写了一遍，直到1884年1月底才最后定稿。

然而，这篇文章也遭到同1882年问世的《忏悔录》一样的命运：书报检查机关不准印行。最终，文章是以胶印和油印本的形式传播出去的。

在《我的信仰是什么》中，托尔斯泰更加清楚地表明他义无反顾地离开了东正教，明确承认耶稣的不以暴力抗恶是他的指导原则。在这篇文章里，他写道：

《马太福音》的第五章有一段话："你们曾听见有这样的教训说：'以眼还眼，以牙还牙。'但我要告诉你们，不要向欺负你们的人报复。"这段话是我为人处世的圭臬。我茅塞顿开，领会了这段话的涵义。耶稣基督的话说得直截了当。刹那间，并非出现了什么新的东西，而是挡住真理的翳障统统消失，真理的全部涵义清清楚楚地出现在我面前。

1883年秋，托尔斯泰结识了志同道合的切尔特科夫。切尔特科夫出身于一个富有而自由的贵族家庭。他的母亲的娘家与十二月党人有着密切的关系：母亲的叔父车尔尼雪夫曾参加过十二月党人起义，后被流放到西伯利亚；母亲的姑母嫁给了著名的十二月党人穆拉维约夫——他曾被判死刑，后改为流放西伯利亚；母亲的妹妹嫁给了一位有钱的地主帕什科夫，1874 年，帕什科夫放弃上流社会的生活，组织了一个被称为"帕什科夫派"的教派。

切尔特科夫在母亲及其家人的影响之下，形成了越出专制主义和东正教框框的观点。1881年，他不顾父亲反对退了伍，并从朋友那里了解到托尔斯泰的观点跟他相近后，前来拜访托尔斯泰。两人很快就成为志同道合的好朋友。后来，切尔特科夫成为托尔斯泰著作的编辑和出版者。托尔斯泰的宗教哲学著作虽屡遭查禁，但还是得到了广泛流传。这一点，与切尔特科夫的努力是分不开的。

在托尔斯泰逝世后，切尔特科夫成为出版托尔斯泰全集的主要委托人。托尔斯泰的90卷版本纪念全集大部分都是经切尔特科夫编辑出版的。

到1884年时，托尔斯泰不再花太多的精力研究西欧哲学了，而是开始研究东方民族的哲学。他津津有味地阅读中国思想家孔子的著作，研究中国的各种谚语，并进行摘录，尤其是摘录与他的思想和观点相近的谚语。

但是，先哲们的伟大真理并不能令托尔斯泰摆脱头脑中那些对人民

的悲痛、贫困和苦难的各种思虑，而且这些先哲们也不能对那些折磨他的关于改善农民生活的问题给以解答。

因此，他又开始转向研究经济学著作，并对美国经济学家亨利·乔治的《论土地国有化》一书赞不绝口。

（三）

这一时期，托尔斯泰的生活日趋平民化，他尽量自己料理自己的生活，并更多地参加一些体力劳动。为了替自己一生所过的贵族生活赎罪，从1884年起他不再吃肉，连烟酒都戒掉了。家人对他的举动都非常不理解，他的关于改变家庭生活方式的谈话也常常遭到家人的反对和嘲笑。托尔斯泰与家人的关系再度紧张起来。

1884年6月，托尔斯泰提议将萨马拉庄园农民还的债就地分给农民，索尼娅坚决反对。6月17日傍晚，夫妻间爆发了一次激烈的争吵。当晚，托尔斯泰第一次离家出走。

在接下来的几个月里，托尔斯泰对这件事一直耿耿于怀，他的日记中经常出现这样的话语：

"我不知道应该怎样拯救自己摆脱痛苦，拯救她摆脱她正全力以赴的灭亡……我不离家出走也是枉然。看来，此事尚未了结。"

作为托尔斯泰的妻子，索尼娅对丈夫的文学事业给予过很大的支持和帮助，并且也一直深爱着他。同时，她也看到了世界观激变后的托尔斯泰的内心世界：

"他为人民所受到的不幸和不义而痛苦，为人民的贫困而痛苦，为桎梏于监牢中的人们而痛苦，为人民的愤恨、沮丧而痛苦——所有这一切都强烈地作用于他那敏感的心灵，让他的生命受到煎熬。"

但是，索尼娅从内心怀疑托尔斯泰提出的道德准则和实行的生活方式的合理性。她表示，自己对这些准则持赞许态度，也许"500年后，人民会

走上他指出的道路"，但现在，它们不可能"在生活中付诸实施"。

索尼娅的话是有道理的，但关键在于，她仍然无法理解托尔斯泰的精神追求，不理解托尔斯泰的创作，乃至他的生命，与这种追求都是分不开的；而她自己也无力改变已形成的生活准则和生活道路，这就决定了她与托尔斯泰之间的冲突和矛盾是不可避免的。这些矛盾和冲突，也成为托尔斯泰晚年家庭危机和悲剧的序曲。在此时期，托尔斯泰还对农民出版物的状况给予了极大的关注。那时在俄国，适合民众特别是农民阅读的通俗读物非常少。即使有一些，也多为粗俗低劣的小册子。于是在1884年秋，托尔斯泰与他的合作者在莫斯科组织了一个媒介出版社，旨在为民众发行一些廉价的书籍、图画等，将那些浅薄、粗俗的出版物从市场上排挤掉。

为了创作和出版大众读物，托尔斯泰研究了大量浅显易懂的读物和民间故事，还阅读了《俄罗斯民间传说集》，以及狄更斯的长篇小说《荒凉山庄》和《奥列弗·特维斯特》。他建议切尔特科夫改写上述作品，然后由媒介出版社出版。为了向平民百姓介绍世界伟大的文学作品，托尔斯泰想在媒介出版社出版德国、法国和英国等国的所有名著，如伏尔泰、卢梭、斯威夫特、塞万提斯等人的作品。

媒介出版社最早推出的是托尔斯泰创作和改编的民间故事，为此他也付出了极大的热情和艰辛，并将其视为"最重要的事情"。

他先后写成了《两兄弟与黄金》《人靠什么生活》《蜡烛》《放火容易熄火难》《伊利亚斯》《傻子伊万的故事》等许多具有影响力的作品。表面上看，这些出版物与以往那些粗俗出版物相似，但内容却完全不同。

（四）

媒介出版社出版的书籍内容通俗，价格低廉，很快就赢得了读者的

青睐。后来，不少作家和青年学生都自愿加入到媒介出版社中来，对世界各国著名作家的作品进行改写工作。

在前4年里，出版社就发行了1260万册图书。而且，出版社出版的图书品种也不少，仅前10年就出版了托尔斯泰、奥斯特洛夫斯基、萨尔迪卡夫—谢德林、契诃夫、柯罗连科、迦尔洵、列斯科夫等作家的250多种作品。其中，托尔斯泰的作品占了44种之多。

在许多作品当中，托尔斯泰都描写了社会的黑暗、人民的不幸，也批判了老爷的贪婪和残暴，但在评判善恶的时候，又往往渗入他的宽恕、顺从以及不以暴力抗恶的观点。

在创作民间故事的同时，托尔斯泰还写了一些剧本和小说。在19世纪80年代中后期，托尔斯泰创作的小说主要有三部，分别是：1886年创作的中篇小说《伊万·伊里奇之死》、1887年至1889年创作的《克莱采奏鸣曲》和1889年创作的《恶魔》。

同时，在80年代中期，托尔斯泰还陆续创作了几部杰出的戏剧作品，这也是他这一时期最主要的艺术成就。

其实早在托尔斯泰刚刚踏入文坛不久的五六十年代，他就写过《贵族家庭》《一个感染了瘟疫的家庭》等几部多幕喜剧，但这些剧作在思想上和艺术上都尚欠成熟。

晚年，托尔斯泰在经历了世界观的激变之后，更加渴望通过直观、形象、平民易于接受的戏剧形式来更好地反映农民问题和社会问题。也正因为如此，他所创作的戏剧被称为"人民戏剧"。

1886年秋天，托尔斯泰完成了五幕悲剧《黑暗的势力》。这部剧本将俄国农村的黑暗面貌以戏剧的形式真实地反映出来。

1861年的农奴制改革，为俄国资本主义的发展开辟了道路，农村出现了阶级分化。到80年代初期，农村宗法制瓦解加剧，金钱主宰一切的社会风尚开始猛烈袭击着俄罗斯的农村。

托尔斯泰就是从这一时期发生在图拉省西多罗卡佛村的一桩真实事

件取材，使之成为《黑暗的势力》剧作的情节基础的。

在1880年的1月18日，图拉省西多罗卡佛村的农民克罗斯科夫在他的继女结婚那天，正准备动身去教堂时，突然良心发现，向村民忏悔了自己的罪行：他曾同继女发生过不正当的关系，并生下一个孩子，而他却将这个孩子杀死了，埋在篱笆的下面。他还打算杀死自己6岁的女儿。图拉省法院审理了这个案件。

托尔斯泰从法院检察官那里了解到整个案情。他认为，这件事十分重要，说明了俄国社会的黑暗。于是，他就以这个案件为基础，写成了剧本《黑暗的势力》。

（五）

《黑暗的势力》这部剧作具有很高的艺术成就，无论是人物塑造、戏剧冲突、场景安排，还是对话处理、气氛烘托，都可谓别具匠心。因此，这部戏剧在刚刚完成时，就在莫斯科和彼得堡的文艺界传开了。亚历山大剧院著名的女演员萨文娜写信给托尔斯泰，请求他将首轮上演权让给该剧院。

然而在11月底，《黑暗的势力》在送交书刊检查机关审查时，审查机关以剧本"淫秽而且没有文学性"为由不准付印。其实他们害怕的是：剧本以不可思议的力量表现了人类作出的任何惩罚都是没有道理的；与上帝的惩罚相比，警察、监狱、苦役等都没有什么意义。

《黑暗的势力》不能获得出版，只能在朋友中间传着看。但凡是看过这部作品或听过朗诵的人，都对这个剧本赞不绝口。

消息传到沙皇亚历山大三世的耳朵里，他也想读一读这个剧本，于是便差人去要剧本。1887年1月27日，在亚历山大三世的密友沃隆佐夫—达什科夫伯爵家中，斯塔霍维奇为包括沙皇亚历山大三世、几位公主和一些近臣在内的皇家人士朗诵了《黑暗的势力》。

事后，斯塔霍维奇回忆那天的情景说：

"第四幕给人产生了强烈的印象。可以看出，他抓住了在座全体听众的心。在朗诵休息时，人们众口一词地加以赞扬。五幕读完，所有人默默无语。这时皇帝开口说：'这可真是佳作！'这一句话打开了大家的话匣子。随后，周围便爆发出一片赞美之声。"

有了皇上的赞扬，亚历山大剧院立即准备上演这个剧本，并事先排练了17次。剧院还派人到亚斯纳亚·波良纳考察农民的生活环境。

同时，《黑暗的势力》还收入到托尔斯泰夫人编订的全集中，由媒介出版社出版。出版印制了1.2万册，后来又加印2万册，最后又印了4万册，十分畅销。

就在亚历山大剧院准备上演这个戏剧时，主管宗教事务的波别多诺斯采夫给沙皇写信，请求皇上收回成命，禁止亚历山大剧院上演该剧。因为他认为这个剧本"否定理想、贬低道德情感、侮辱趣味，这样的东西我无论在什么样的文学里都没有见过"，而且"该剧于帝国各剧院上演之日，必将是我国舞台急剧堕落之时"。

沙皇虽然也喜欢这个剧本，但他不愿意为了托尔斯泰的一个剧本而得罪东正教最高会议总长，因此只好下令：

"鉴于该剧过分现实且其情节令人恐怖，不准上演该剧。"

剧本虽然在俄国禁演了，但在西欧，从1888年开始便风行于法国、瑞士、意大利等国，并广受好评。在英国上演时，著名作家萧伯纳撰文对其予以高度赞扬，认为在所有剧作家中，只有托尔斯泰"才有一支摧毁一切的笔"。

直到1895年，《黑暗的势力》才被允许在俄国上演。这时，已经是尼古拉二世在位了。

第十六章　家庭矛盾频发

幸福的家庭都是相似的，不幸的家庭各有各的不幸。

——托尔斯泰

（一）

1889年初，在托尔斯泰身上出现了回归艺术创作的迹象。前几年，他除了为农民兄弟写的短篇小说、一个剧本和中篇《伊凡·伊里奇之死》以外，已经很久没有从事文学创作工作了。

托尔斯泰的生活更加平民化，甚至有人戏谑地称他为"农民伯爵"。他经常在烈日炎炎、晴空万里的天气里，身穿一件没有领子的白色贴身衬衫和一条肥大的、几乎没有样子的家织亚麻布做的裤子，脚上穿一双笨重的小牛皮制的靴子，扛着农具到田间去劳动。

对于这时的托尔斯泰来说，除了生活简朴之外，参加体力劳动已经成为他生活的必需。为此，他甚至占用了大量的创作时间。他认为，体力劳动就像空气一样必不可少。他已经将体力劳动，特别是"同农民一道劳动"，视为平息自己良心呼喊的必要手段了。

与此同时，托尔斯泰仍然在不断地进行着他的宗教道德的探索。他先后写下了《论生命》《关于两性之间的关系》等长篇论文。但到了1889年初，他想重新创作的欲望才再一次迸发出来。

托尔斯泰一直都在构思一部有关两性主题的作品，只是书名一直没有定下来。在1888年春天的夜晚，托尔斯泰在莫斯科的住宅里来了几位客人，其中有画家列宾，演员安德烈耶夫·布尔拉克，提琴家拉索多和一个音乐学院的学生。

　　在聊天中，大家要求托尔斯泰的大儿子谢尔盖与提琴家拉索多一起演奏几支曲子。于是，这两个年轻人就怀着特殊的激情演奏了贝多芬献给克莱采的奏鸣曲。

　　托尔斯泰对贝多芬的这首奏鸣曲特别欣赏，特别是对奏鸣曲的第一部分印象最为强烈。在场的人对托尔斯泰在欣赏过程中的专注感到惊讶。于是大家议论纷纷，说如果由托尔斯泰写一篇以《克莱采奏鸣曲》为题材的小说，由列宾作插图，让安德烈耶夫·布尔拉克演出，那将多么完美啊！

　　可惜的是，这个想法当时并没有实现：因为不久，安德烈耶夫·布尔拉克就去世了。但在托尔斯泰的脑海中，酝酿已久的小说题目基本上就这样定了下来。在以后的一年多的时间里，托尔斯泰一直在对《克莱采奏鸣曲》进行构思。

　　1889年上半年，托尔斯泰开始提笔创作《克莱采奏鸣曲》。3月14日，他在给乌鲁索夫的信中说：

　　"关于中篇小说的传闻是有根据的。两年前，我就草拟了一部谈论两性问题的中篇小说，但写得很草率，不能令人满意。如果这个构思再拿出来，那么，就要从头开始才行。"

　　这部中篇小说的创作颇费周折，断断续续持续了近两年的时间。托尔斯泰时而对小说很冷漠，甚至感到厌烦；时而又充满激情和创作的欲望。

　　《克莱采奏鸣曲》这部小说，整篇都包含了对肉体爱欲的猛烈抨击，对上流社会中充满虚伪、堕落与罪恶的两性关系和家庭婚姻关系进行了无情的揭露，甚至达到了空前激烈的程度。他借小说主人公波

兹尼雪夫之口说：

"婚姻在我们这个时代只不过是一种欺骗！……我们上流阶级的全部生活，连同它种种的无耻现象，简直就等于是一所地地道道的妓院。"

同托尔斯泰的其他小说一样，《克莱采奏鸣曲》中的一些情节也源自于托尔斯泰自身的生活。比如，托尔斯泰在描写主人公波兹尼雪夫的生活时，反映了他自己与妻子关系的某些方面：柔情和冷漠阶段、不和、争吵。这一切都源自于两人的家庭生活。

不过，由于这部小说中对于两性关系的描写言辞和观点都过于激烈，因而未能通过政府书报检察官的检查，也未能公开出版，但石刻本却开始在民间流传。托尔斯泰在两性关系上的看法如此尖锐，在社会上产生了巨大的影响。艺术评论家斯塔索夫说：

"托尔斯泰的《克莱采奏鸣曲》完全可以同莎士比亚的作品相媲美。"

罗曼·罗兰也称，《克莱采奏鸣曲》是"压缩了的真正的心理剧"。

然而同时，这部小说也对托尔斯泰的家庭关系产生了巨大影响，因为托尔斯泰在《克莱采奏鸣曲》中阐述的许多思想是索尼娅无法接受的；而且，许多读者也都认为托尔斯泰描写的就是他们夫妻之间的生活。结果上至俄国沙皇，下至他们家的亲朋好友，都可怜起索尼娅来。

索尼娅也自认小说中的锋芒就是冲着她来的，令她在全世界人们的眼中都失去了尊严，破坏了她与托尔斯泰之间残存的爱情。因此，自从这部小说完成之后，索尼娅就对托尔斯泰心存芥蒂。

（二）

1890年，亚斯纳亚·波良纳庄园的几个农民砍伐了托尔斯泰种的几棵树，并将他们从树林中运走。索尼娅一气之下，将这件事报告了官府，结果几个农民被判处了6个星期的监禁。

这件事令托尔斯泰十分痛心，并最终爆发了11月16日夫妻之间的一次剧烈争吵。直到次日凌晨5点，两人都互不相让。托尔斯泰觉得因为他的私人财产而令农民被判刑，心中十分难过，他甚至不能入睡，也无法工作。

在这次事件后，托尔斯泰摆脱私有财产的愿望越来越强烈。他决定向政府提出一份声明，表明他不承认私有制，放弃自己对私有财产的权利，让家庭成员按照他的办法来处理财产。

但由于索尼娅及家庭成员的反对，托尔斯泰没有这样做，只是在1891年3月10日向索尼娅表示，他要放弃近几年作品的一切权利。对此，索尼娅也坚决反对，最终著作权问题也未能解决。但是，对现有家产的分割却是势在必行。

4月17日，托尔斯泰签署了财产赠予书，将他的财产分成9份，每份约5万卢布。除了女儿玛莎和父亲一样，拒绝接受财产之外，其余的人各得一份。亚斯纳亚·波良纳庄园的财产归索尼娅和最小的孩子万尼奇卡共有。

这年7月，托尔斯泰又提出要放弃1880年以来他所写的著作的版权，再次遭到索尼娅的激烈反对，甚至闹到索尼娅要自尽的地步，最终此事再次被搁置起来。

这让托尔斯泰很难过，他在7月14日的日记中写道：

"她不明白，孩子们也不明白，他们所花的每一个用书挣来的卢布，都是我的痛苦和耻辱。耻辱我只好接受，但为什么要削弱那些真理可能发生的作用呢？看来只好如此。没有我，真理也会发生它的作用的。"

1891年9月16日，经过长时间的争执和争吵，索尼娅被迫做出让步，托尔斯泰放弃了近年来自己著作的版权。《俄罗斯新闻》和《新时代报》刊出了托尔斯泰的如下声明：

我向一切愿意在俄国出版我的著作的人，向一切愿意在国外翻译我的著作的人，同样，向一切愿意上演我的剧作的人，无偿地提供他们出版、翻译和上演的权利。这些著作包括1886年出版的文集第12卷和今年即1891年出版的文集第13卷中所有作品，以及从今往后我将写出的尚未发表的一切作品。

这次，索尼娅早已有了心理准备，因此托尔斯泰放弃版权的声明发表后，她并没有与其争吵。

（三）

1891年至1892年，俄国中部多省爆发了罕见的大旱灾。托尔斯泰听目击者讲述了灾荒的情况之后，在亚斯纳亚·波良纳待不下去了。他马上同女儿玛莎一起前往梁赞省别吉切夫卡村，在村里开设赈灾施食点。

为了吸引舆论界对灾民的关注，托尔斯泰撰写了《论饥荒》一文，对受灾的贫民寄予了同情，对老爷们则给以无情的揭露。

10月中旬，在完成这篇文章后，托尔斯泰将其寄给《哲学和心理学问题》杂志，准备发表。可是，刊载此文的该期杂志却被当局查禁了。后来文章被大量删改，才以《援助受饥荒的农民》为题发表在次年的《一周读物》上。

但是，这篇文章的全文却早已刊载在欧洲的许多报刊上，并以手抄本的形式在俄国国内广泛流传。在文章中，托尔斯泰揭露了导致人民饥荒的原因，并愤怒地谴责那些漠视人民痛苦的"有钱人"：

人民之所以饥饿，是因为我们吃得太饱了。当人民在目前的生活环境中，换句话说，在这种捐赋繁多、土地缺少的情况下，还必须负担全部繁重可怕的工作，好令都会、城市和有钱人聚居的村镇中心来吞噬它的果实的时候，叫他们怎么能够不饥饿？

……难道现在，正如大家所说的，人民正在因饥饿而死的时候，地主、商人，会不藏起粮食来静候物价的进一步上涨么？

在我们和人民之间，除了敌对的关系、老爷和奴隶的关系之外，再没有第二种关系。我越好，他们就一定越坏；他们越好，我就一定越坏。

这篇异常大胆和尖锐的文章自然又引起了沙皇当局的恐慌。内务大臣在给沙皇的特别报告中认为，这篇文章"就内容来说，应该跟那些最可恨的革命号召一样看待"。《莫斯科公报》的编辑部评论则称，托尔斯泰的文章"是在公开宣称推翻全世界目前存在的全部社会和经济制度"，"是一种最极端、最大胆的社会主义宣传，甚至我们那种秘密的地下宣传在它面前都黯然失色"。

虽然沙皇当局对托尔斯泰的言行相当不满，但慑于托尔斯泰当时巨大的社会声望，他们也不敢轻举妄动。

在梁赞省的别吉切夫卡村，托尔斯泰办起了18个赈济食堂。到了次年的4月，这样的食堂在周围4个县已经有187个了，5月份又增加到212个。这些食堂每天帮助近万灾民渡过难关。

索尼娅从丈夫和女儿的来信中了解到灾区的情况后，不仅理解了丈夫的行为，而且认为自己也应该做点什么。11月2日，她一大早便给《俄罗斯新闻》报社写了一封致全社会的公开信，号召为饥饿的人们慷慨解囊。

第二天，该信就被刊登出来了。随即，俄罗斯各大报刊纷纷予以转载，国外的报刊也做了报道。从11月3日开始，捐款便从四面八方源源而来，也有人送来了食物和衣物等。不到两个星期，索尼娅就募集到1.2万卢布，然后将这些财物寄到灾区。

1892年1月下旬，索尼娅也来到灾区，并亲自参加了救济灾民的工作。她与当地的妇女们一起用捐献来的布料缝制衣服。托尔斯泰对

索尼娅的行为表示感谢，并在给友人的信中表示，自己和妻子的关系"好像从来没有这般情投意合过"。

与此同时，托尔斯泰还在这期间接连写了《可怕的问题》《论救济灾民的办法》《关于救济灾民最后报告的鉴定》《天国在你心中》等文章。在这些文章中，托尔斯泰描绘了农村饥馑的惨状，指出"可怕的危险已经极为严重，假如人们赖以活命的粮食不论什么价格都买不到，这危险就更可怕了"。同时托尔斯泰也意识到，包括捐款在内的种种赈灾活动都不能从根本上改变人民的苦难和屈辱的处境，富人的"慈善"行为要么是虚伪的，要么是想"以自己的恩赐来拯救自己"，而"这种恩赐的企图本身就有某种极为可怕的东西"。

出路到底在哪里？托尔斯泰否定用暴力抗恶，他再次走向自己心爱的宗教道德学说。他认为，"天国在你心中"，只要"人人承认真理，信仰真理"，不再作恶，那么《福音书》中的幸福生活就会成为现实。

从1892年秋天开始，托尔斯泰将别吉切夫卡地区的灾民救济领导工作交给了他的信徒波夏·比留科夫，他自己则动手为这一年多的救济工作做总结。

在整个救济灾民的过程中，托尔斯泰的体验是很复杂的。他从心里讨厌那些慈善机构，也厌恶有钱人的慈善行为；但当饥荒来临时，看到成千上万的灾民面临饿死的危险，需要刻不容缓地进行救济时，他又会义无反顾地加入其中。在这种情况下，他没有别的选择，因为他是一个"悲哀但真诚的人，自始至终以他的整个心灵希望成为真正善良的人，即成为上帝的高尚仆人"。

（四）

1893年秋，农民终于有了一个好收成，灾荒结束了，托尔斯泰的

生活也进入了一个新的阶段。在这之前的15年，是他的生活和观点发生巨大斗争和变化的时期，此后，他的生活再也没有发生根本性的变化。他的新思想开始沿着固定的方式平稳地发展下去，直到他走到生命的尽头。

赈灾后期，托尔斯泰与妻子索尼娅的关系重新微妙起来。索尼娅不喜欢托尔斯泰的学说，也不喜欢托尔斯泰在思想发生转变后接触的人。

1895年，托尔斯泰的短篇小说《主人和仆人》脱稿后，将其寄给了《北方信使》杂志。在俄罗斯的许多杂志中，托尔斯泰最称心的就是《北方信使》杂志。此前，他曾在该杂志上发表过一篇小故事《因果报应》，那时他就答应将《主人和仆人》也给该杂志发表。

然而，这件事让索尼娅感到不快，她要求托尔斯泰允许她抄写这部作品，并将其收入全集的第13卷中。托尔斯泰没有答应，结果两人再次争吵起来。托尔斯泰甚至跑到楼上，穿好衣服，大声对索尼娅说，他要永远离开这个家，再也不想回来。

第二天，争吵再次升级，索尼娅甚至因愤怒而病倒，医生给她开了很多药。但这些药并不能治好索尼娅的病，她需要的是精神上的治疗和安慰。

最终，托尔斯泰作出让步，在将《主人和仆人》交给《北方信使》杂志的同时，把这篇作品也交给了索尼娅，允许索尼娅将其收入到全集的第13卷中出版。同时，他还将这部作品交给了媒介出版社。

托尔斯泰夫妇因为作品的发行权问题产生的风波刚刚平息，一场噩运再次降临这个家庭：他们最小的儿子万尼奇卡因患猩红热去世了。

从1894年冬，万尼奇卡就一直在闹病，经常发烧，拖了好久才渐渐好转。然而，一场可怕的急性猩红热又突然将他击倒。1895年2月22日早晨，万尼奇卡开始发病，23日晚上便被死神带走了。

万尼奇卡的死，给托尔斯泰全家带来的痛苦是不言而喻的。万尼奇卡是索尼娅生命的全部寄托，现在他竟然离她而去了，丧子之痛对索

尼娅的打击可想而知。

小儿子的死，以及身边一些老朋友的相继离世，让托尔斯泰再次严肃地思考起生与死的问题。该年3月，他在日记中第一次立下了遗嘱：

第一，把我葬在我死的地方，如果死在城市，就找一处最廉价的公墓，用最便宜的棺材，要像葬叫花子那样。不摆鲜花和花圈，不致悼词。如果可能，也不请神父作安魂祈祷……

第二，不在报上公布我的死讯，也不写悼词。

第三，我所有的文字都交给我的妻子、切尔特科夫、斯特拉霍夫以及我女儿塔基亚娜和玛莎审阅和整理……

第四，请我的继承人将我以前的作品，即10卷文集和识字课本的出版权转交社会。也就是说，我要放弃版权。

第五，主要的是，我请求所有的人，与我亲近或疏远的人，不要赞扬我（我知道会这么做，因为在我活着的时候他们已经以最不好的方式这样做了）。如果他们想整理我的著作，请研究那些我深知上帝之力通过我立言之处，并请为了自己的生活而利用它们。……无论如何，不要吹捧我。

在万尼奇卡去世后的一年多时间里，索尼娅发生了很大的变化。她经常烦躁不安，很少待在家里，而是常常打扮入时地出去参加各种宴会和音乐会。对于这样的变化，她自己也感到很不满。她说：

"我的生活有点骚乱不安，像个堕落的女人，但我不能过另外的生活。"

托尔斯泰对索尼娅的变化也感到很不满，但索尼娅依然如故。这也意味着，托尔斯泰夫妇感情上的距离已经越来越远，并最终酿成了托尔斯泰晚年的悲剧。

第十七章 走向"复活"

哪里没有朴素、善良和真理，哪里也就谈不上有伟大。

——托尔斯泰

（一）

19世纪90年代前后，托尔斯泰又在构思长篇小说的创作了。1889年3月，他在给萨诺夫的信中谈到，他正在渴望写一部"像《安娜·卡列尼娜》那样广阔的、不受拘束的小说，可以毫不费力地把我自以为是从新的、不平常的、对人有益的角度来理解到的一切统统写进去"。

这部小说的构思产生于1887年。这年的6月，托尔斯泰的友人、当时担任彼得堡刑事上诉法庭检察长职务的著名法学家阿·费·科尼来到亚斯纳亚·波良纳庄园作客，他向托尔斯泰讲述了他们法院审理的一件案子。这件案子成为托尔斯泰创作小说《复活》的起因，也是《复活》整个小说情节的一个组成部分。

这件事发生在70年代的前半期，科尼在彼得堡区级法院担任检察官。有一次，一位年轻人来法庭找他。年轻人脸色苍白，不安和炽热的眼光显示出他内心的忧虑。他的衣着和举止显示出他经常出入上层社会。

他请求科尼将一封信交给一个名叫罗扎莉雅·奥尼的女犯人。这个女犯人是一名芬兰妓女，曾在一个少校夫人开设的低级妓院从事皮肉生意，因为偷了一个喝醉酒嫖客的100卢布被法庭起诉，判处4个月的监禁。

而这位出身贵族世家，受过高等教育，并有着理想职位的年轻人，竟然想与罗扎莉雅结婚，这让科尼感到很震惊。科尼劝他放弃这个念头，但年轻人表示了自己的决心，并且不断去狱中探望罗扎莉雅。他还告诉罗扎莉雅，等她的刑期一结束，他就会与她结婚。

然而就在刑期即将结束时，罗扎莉雅却不幸患斑疹伤寒死去了。当这个年轻人再次来到监狱，他被罗扎莉雅的死讯惊呆了。

几年后，科尼在内地某省副省长的任命名单上看到了这个年轻人的名字。他还了解到了有关罗扎莉雅的一些情况。

原来，罗扎莉雅是个出身农家的孤儿，后来为一个庄园的女主人所收养，在仆人中间长到16岁。这时，庄园里来了一位主人的亲戚，这个年轻人诱惑了这位不幸的姑娘，结果导致罗扎莉雅怀了孕。

主人发现后，将她逐出庄园，后来那个诱惑她的年轻人也抛弃了她。她生下了孩子，把孩子送到育婴堂后，就一步步堕落下去，直到最后流落到低级妓院。

而那个年轻的贵族在乡下和省里待了一段时间后，就搬到彼得堡生活，开始走上认真而理性的生活轨道。有一天，他去当区法院的陪审员，认出了这个被指控犯有盗窃罪的不幸妓女，就是自己年轻时所伤害的那位女子。于是，他"下决心为她牺牲一切"，用结婚来"赎回自己的罪过"……

托尔斯泰认真地听完了这个故事，他敏锐地发现这个故事中包含着一些有待发掘的有价值的东西。当天晚上，托尔斯泰就在思考这件事，心情难以平复。

第二天一大早，托尔斯泰就建议科尼按照时间顺序把这个故事改写成一部小说，交给媒介出版社出版。然而半年过去了，科尼那边一直

没有动静，托尔斯泰有些着急了。

1888年4月，托尔斯泰又写信给比留科夫，让他问问科尼答应给媒介出版社写的那个短篇是否完成了。如果科尼还没有写，他是否愿意把这个题材转给托尔斯泰？因为托尔斯泰很看好这个题材，他觉得这个故事可以创作出一部很好的作品来。

还没等比留科夫那边有消息，托尔斯泰就又自己写信给科尼，表达了上述意思。科尼立即就给他回了信，信中说：

"代替您所提到的'准许'的是，我热切地请求您不要放弃这个念头。经过您的手笔，这个故事一定会写得叫铁石心肠的人看了都会受到感动，最最不动脑子的人看了也会开始思考起问题来。"

（二）

不过，托尔斯泰并没有马上动笔，而是一直构思了一年多的时间。1889年12月6日，托尔斯泰在日记中写道：

"关于科尼讲的故事，构思越来越鲜明地浮现在我的脑海中，直到第二天，我始终处于欢欣鼓舞的心情中。"

三个星期后，托尔斯泰才动笔写下了《复活》手稿最初的文字。1890年2月，托尔斯泰为小说勾勒了这样一个轮廓：

一，他不想占有她，他这样做是因为他以为应该如此。在他的想象中，她非常迷人，她在微笑，但他却想哭。

二，来到教堂，漆黑的夜，白色的连衣裙，接吻。

三，老奴仆接过钱去，但眼神忧伤。

四，老女仆相信命运，卡秋莎很孤独。

五，她看到他坐在火车上，便要投卧火车轮下，但她蹲下来后

感到婴儿在蠕动。

　　六，他向姑妈打听她的下落，她在一个地主家做女仆，但不规矩，与男仆私通。

　　七，他激动地问：您把她赶出去了？她哭得厉害吗？是我不好吗？

　　八，他尝过功名心的滋味，很龌龊。只是读书，精致的享受，打猎，玩牌，看表演，鬓发白了——苦闷。

　　到1890年的6月份，托尔斯泰已经明确了科尼讲的故事的外在形式，他决定"从开庭的情形写起，而且要立刻写出法律的欺骗性和它正直不阿的必要性"。

　　不过在1890年，托尔斯泰并没有在创作这部小说上有很大进展。到1891年，他才再次出现创作的冲动，但每次都对刚起头的作品感到不满，而且此时又被赈济灾民等时间所打断，因此一直未能继续创作下去。

　　直到4年后，即1895年，托尔斯泰才重新回到《复活》的创作中来。但第一份样稿完成后，他依然感到不满。到了11月，他又确定了新的写作原则。在11月5日的日记中，托尔斯泰写道：

　　　　刚才我正在散步，忽然很清楚地懂得了我的《复活》为什么写不出来的原因。开头写得不对，这一点我在思考那篇关于儿童的小说《谁对》的时候才懂得。当时，我明白了那篇小说必须从农民的生活开始写起，明白了他们才是目标，才是正面的东西。想到这里，我就连带地明白了关于《复活》这部小说的道理，应该从它开始，我马上就想动笔了。

　　托尔斯泰又兴致勃勃地开始写起了新稿，可到了1896年2月他又停了下来，因为他对已经写成的作品仍然感到不满意。他重读了写好的几章，对描写聂赫留道夫决定娶卡秋莎的那几章尤其感到不满，认为"全都不真实"。

1898年下半年，托尔斯泰重新动手写作《复活》。之所以又动手写，是因为当时他必须筹集到一笔钱来帮助受沙皇政府迫害而移居加拿大的弃绝仪式派教徒。

在这年的下半年到1899年，托尔斯泰的书信和日记中都可以看到有关这部作品的记载：

"写《复活》，起初进行比较顺利。"

"写得不太顺利，虽然我的构思似乎好多了……"

"一直在写《复活》，感到满意，甚至是很满意。"

"我仍然在奋力写《复活》……篇幅越来越大，一百章恐怕都容纳不下。"

"聚精会神地写《复活》，我期望可以说出很多重要的事情。"

……

终于，在1899年12月18日的日记中，出现了有关《复活》创作的最后记载：

"写完了《复活》。不好。没有改好，但一脱手就不想再去管它了。"

最终，这部小说在经过沙皇书刊检查机关的大量删减后，在1899年3月13日《涅瓦》杂志第十一期至同年12月该刊第五十二期上陆续刊出。

（三）

在《复活》这部作品的整个创作过程中，托尔斯泰付出了极为艰辛的努力。为了达到高度的艺术真实性，他不吝精力，一次又一次地推倒重来，甚至在一些细节问题上都精益求精。经过长时间创造性的劳动，原来的"科尼讲的故事"只是这幢大厦最初的几块基石了。在这部小说中，主人公们的爱情瓜葛已经不占主要地位，作者将主要注意力集中在对现存制度的揭露上。

在孩提时代，农家姑娘卡秋莎被送到年轻的公爵聂赫留朵夫的姑母家中，从而脱离了劳动生活，但这也成为她生活悲剧产生的主要原因之一。

卡秋莎与年轻的公爵聂赫留朵夫最初的相遇洋溢着诗意。年轻的聂赫留朵夫充满了高尚的情感和崇高的激情；卡秋莎心地直爽，焕发着青春，满怀着对未来的憧憬。

聂赫留朵夫不能清晰地辨别自己对卡秋莎的感情，但他还是无法抗拒的被吸引了。这让他的生活充满了幸福和快乐。当他与卡秋莎分别时，他感到忧郁而惆怅。

三年的时间过去了，聂赫留朵夫与卡秋莎又重逢了。然而此时的聂赫留朵夫已经不是卡秋莎三年前认识的那个充满热情、天真质朴的青年了，他变成了一个"放荡荒淫、心狠手辣的利己主义者，只图个人享受"。

卡秋莎与聂赫留朵夫在复活节春夜的幽会，是命运注定的不幸。这次重逢使卡秋莎那颗少女的心充满了无法言语的幸福，却也成为她日后凄楚苦难生活的开始。

聂赫留朵夫很快就抛弃了卡秋莎，并将她忘得一干二净。而卡秋莎却由于感到自己是聂赫留朵夫的孩子的母亲，更加爱他，等待着他。

在一个漆黑、凄凉的秋夜，卡秋莎追赶着聂赫留朵夫乘坐的火车，这景象象征着她痛不欲生的心情。卡秋莎这才意识到，自己被抛弃了，她想投身到火车的轮下。在这个可怕的夜晚，她再也不相信上帝和善良了。她想，如果一个最好的人都粗暴地糟蹋她，那么其他人肯定比聂赫留朵夫更坏……

从这一瞬间开始，卡秋莎的苦难开始了，终至被带上了被告席上。

聂赫留朵夫是造成卡秋莎不幸的罪魁祸首，但他却成为审判她的陪

审员。小说从这个审判场面开始，暴露了"罪恶王国"的全部卑鄙勾当和全部放荡的恶习，展示了人们的苦痛和灾难。

从这个场面开始，聂赫留朵夫走遍了整个俄国，访问了公爵和枢密院的接待室，察看了贫苦农民的木屋和关满普通贫民的监狱。

在暴露沙皇法院的伪善和欺骗的同时，在小说中，作者也揭示了教会及其执事的卑鄙作用：那些身穿黑袍、胸前佩戴着金质十字架的"上帝的仆人"，满口假仁假义，实际却贪得无厌，出卖灵魂，靠欺骗人民来过日子。

在小说的第三部分，托尔斯泰还描写了一个新人——革命者。这一部分内容最终也引起了轩然大波。社会进步人士对文学界首次出现的关于政治犯、被判刑的革命者的描写表示欢迎；而社会上流阶层则对小说的这部分内容惊慌失措，因为他们认为这一部分是摧毁现存制度的号召，是歪曲现实。反对分子对托尔斯泰用同情的态度描写政治犯，并对这些人表示同情和好感深感愤怒。

对俄国出现的"新人"，托尔斯泰表现出充分的信心，相信他们一定能够复兴俄国，改造俄国，改变现存制度，消除专横和暴力。

长篇小说所指的"复活"到底是什么？有些评论家认为，托尔斯泰描写的是聂赫留朵夫的复活；另一些认为，表现的是卡秋莎的复活；还有一种观点认为，在小说中复活的是托尔斯泰自己，也就是托尔斯泰经过长期中断自己的创作活动后，又重新开始文学作品的创作。

想要在这部小说中寻求某个特定的"复活"人物，可能并不恰当。因为托尔斯泰关注的是整个俄国社会、整个俄罗斯的复活过程。他所寻求的是那种能使人类复活、建立人民幸福的生活、根除地主资产阶级社会弊端的药剂。作为一名天才的艺术家，他不可能看不到俄国业已发生的巨大历史变动和新的社会力量的成长。托尔斯泰按照自己的观点，也就是千百万农民群众的观点，将这种社会运动反映到这部小说当中。

　　在小说中，托尔斯泰指出，未来属于人民，不属于地主和官吏们，劳动人民才是"大的光亮"。然而如何让人民生活得更好，让农民不因饥饿而死亡？如何才能没有无辜判刑的罪犯，没有欺骗和虚伪？这些问题，作家是无法回答的。

　　由于世界观的局限性，《复活》中也存在着诸多不足之处，但它却不失为托尔斯泰全部事业的一个宏伟的艺术总结。在托尔斯泰的笔下，《复活》不但是一幅"无与伦比的俄国生活图画"，而且与他的另外两篇长篇小说一样，显示出大海般宏伟开阔的魅力。在对生活大面积涵盖和整体把握，对人物命运与周围世界的内在联系的充分揭示，在生活的深度和广度上塑造血肉丰满的艺术形象等方面，这部小说都是卓有成效的。

　　尽管这部小说刚刚发表时并不完整，但还是在当时产生了巨大的影响。匈牙利作家卢卡奇认为：

　　"在整个近代西欧文学中，在包罗万象的史诗式的伟大性方面，没有一部小说可以与《复活》相媲美。"

　　法国作家罗曼·罗兰也指出：

　　"《复活》可以说是托尔斯泰艺术上的遗嘱。《复活》给他的晚年加冕，正如《战争与和平》给他的成熟期加冕一样。"

第十八章　革出教门

被人爱和爱别人是同样的幸福，而且一旦得到它，就够受用一辈子。

——托尔斯泰

（一）

在创作《复活》的最后阶段，托尔斯泰的身体状况不是太好，在1899年秋天和冬天的日记中，就经常出现他患病的话。因此可以说，《复活》这部小说绝大部分内容是托尔斯泰在年逾古稀的时候完成的。对他来说，这的确不是件容易的事。

在这期间，由于托尔斯泰及其追随者与弃绝仪式派教徒的关系，他受到了沙皇当局的严密监视。而他在《复活》中对东正教会的揭露，更令东正教对他恨得咬牙切齿。

托尔斯泰患病的消息很快就由密探呈报给当局，为此感到窃喜万分的官方教会决定不能轻易放过托尔斯泰。

1900年4月5日，在托尔斯泰健康状况处于危急关头时，沙俄东正教最高议会作出了一个秘密决定。"决定"称托尔斯泰是"东正教基督教会的敌人"，在历数了托尔斯泰的所谓"亵渎上帝、毁谤教会"的罪行以后，下令：

　　"列夫·托尔斯泰伯爵在去世时如果不作忏悔，不与教会和解，则取缔其追荐与安魂弥撒之仪式。"

　　在这年的上半年，托尔斯泰的病情并没有恶化，反而还有所好转；加上这一"决定"是秘密作出的，因此这件事并没有在社会上引起波动。但是，当局显然已经加快了迫害托尔斯泰的步伐，迹象也越来越明显。在此前不久，托尔斯泰的好友和助手切尔特科夫已经被逐出俄国，比留科夫等人也被处以流放。

　　而与此同时，托尔斯泰的声望却与日俱增。1900年1月，托尔斯泰被推选为科学院文学部名誉院士。就在这个月，他又同高尔基相识了。

　　那是在1900年1月13日，高尔基第一次慕名踏入托尔斯泰在莫斯科的寓所，托尔斯泰也第一次见到了这位有才气的青年作家。他十分高兴，热情地询问高尔基的生活和创作情况，并坦率地谈了对高尔基小说的印象，称赞有些小说写得很"朴素、真实"。

　　在1月16日的日记中，托尔斯泰写道：

　　"高尔基来过了，我们谈得很投机。我喜欢他，一个真正来自人民的人。"

　　这年秋天，高尔基还应邀到亚斯纳亚·波良纳作客，与托尔斯泰一起度过了一段难忘的日子。尽管两个人在一些问题上有不同的认识，但高尔基始终对托尔斯泰怀有真诚的敬意，而托尔斯泰也给予高尔基以有力的帮助。

　　1901年4月，高尔基因参加反对政府的活动被当局逮捕。5月6日，托尔斯泰得到这一消息后，马上给内务大臣写信，要求释放高尔基。

　　同一天，托尔斯泰又给他熟悉的奥尔登布斯基亲王写信，请求他帮助高尔基获得自由。半个月后，亲王通知托尔斯泰，高尔基已经获释，改为在家软禁。

　　高尔基也写信给托尔斯泰，向托尔斯泰给予他的帮助表示感谢。同年7月，大病初愈的托尔斯泰收到了一封由高尔基执笔，有33人签名的

信。信中写道：

> 我们为您的疾病顺利康复而感到由衷的高兴，我们热烈地祝愿您——伟大的人——为了真理在大地上的胜利而健康长寿，并且一如既往地用您强有力的语言不倦地揭露欺骗、伪善和恶劣。

当时与托尔斯泰交往密切的文坛巨匠除高尔基外，还有契诃夫。两人在1895年就相识了，此后一直来往密切，契诃夫也十分尊敬和爱戴托尔斯泰，并常常去看望他。虽然他对托尔斯泰的某些宗教道德学说持有异议，但在他心中，托尔斯泰是一位具有无上权威的导师。托尔斯泰也非常喜欢契诃夫，认为他"很有才华，心地善良"。同时，他对契诃夫的艺术才能也极力赞扬，认为他是"散文中的普希金"。

不过，托尔斯泰对契诃夫的戏剧并不感兴趣，认为"尽是一些神经衰弱的知识分子无休止的谈话"。但托尔斯泰正是在剧院看了契诃夫的《万尼亚舅舅》后，才萌生了创作剧本《活尸》的想法，并很快就着手拟定了写作提纲。他在日记中写道：

"我觉得，《活尸》一剧中有些音调是从契诃夫的作品中吹送过来的。这便是艺术创作的神秘莫测之处。"

（二）

《活尸》的情节来源于一个真实的案件，它是莫斯科高等法院审理的一起席默尔夫妇诉讼案，检察官达维多夫将案情告诉了托尔斯泰。

案情的基本情况是：一对夫妇，年轻时就分居，主要因为丈夫酗酒。分居后，丈夫日渐堕落，并最终失去了赖以生活的职位，沦为一个流浪汉。这时，妻子找到了一份工作。可在工作中，她的同事爱上了她，他以为她是个寡妇，便提出让她嫁给他。而她也爱上了这位男同事。他们一起找到这个流浪汉，希望他能同意离婚。流浪汉答应了，并递上要求解除婚约的呈文。

然而，宗教法庭却不同意他们离婚，于是妻子想出一个办法：让丈夫写信给她说，因对生活感到绝望，他决定自杀。随后，妻子将这封信交到警察局。不久，警察还真的在莫斯科河里捞出一具尸体，河岸上还发现了这位丈夫的身份证件和衣服，警察便将这具尸体当成是她的丈夫自杀了。

这样，妻子就成了寡妇，与自己的同事结婚了。但最终因某种疏忽，真相暴露了：丈夫根本没有自杀。于是，夫妇俩被带到高等法庭审判，一审判决流放西伯利亚。后来由于科尼从中说情，才最终被判决在狱中监禁一年。

托尔斯泰根据这个案件，经过一段时间的酝酿后，终于创作出六幕正剧《活尸》。该剧突破了原案情节上的单独婚姻悲剧范畴，赋予它全新的内容和主题，并塑造出了富有时代气息的艺术形象。

初稿完成后，托尔斯泰像对待以往的作品一样，对其反复修改。但就在这时，托尔斯泰手稿的抄写员伊万诺夫竟将这部剧作的情节泄露出去，许多报刊纷纷加以报导。结果有一天，托尔斯泰的家中来了一位衣衫褴褛的客人——"活尸"的原型席默尔。

不久，席默尔的儿子也来了。他希望托尔斯泰不要发表这部剧本，因为这会让他的妈妈很痛苦。现在这件事已经平息下来，她担心将此事公之于众之后，会给她招来麻烦。

虽然剧本与原案迥然不同，但托尔斯泰还是将它搁置起来，没有发表。直到托尔斯泰去世后，剧本才于1911年9月首次刊载在《俄国言论》上，次年元旦又被搬上莫斯科艺术剧院的舞台。

在世纪之交，年逾古稀的托尔斯泰完成的重要作品还包括《什么是艺术》《我们时代的奴役》等作品。

　　《什么是艺术》完成于1898年，是托尔斯泰多年来在美学领域探索的结晶。在这部作品中，托尔斯泰对形形色色的艺术理论作了评述。但同时，托尔斯泰也尖锐地抨击了那些脱离人民的艺术理论和艺术作品，有时甚至走向了极端。他还错误地认为，艺术的内容决定于宗教，并以此来分析艺术发展的一般过程。

　　《我们时代的奴役》于1900年8月完稿，同年刊载在伦敦的《自由言论》上。写作这篇论文的起因是铁路司磅员阿格耶夫给托尔斯泰讲的一件事情，那就是自己供职的莫斯科—喀山铁路搬运工人毫不停息地劳动36个小时的情况。托尔斯泰对此大为震惊，他还亲自去了一趟货运站，才相信一切的确如阿格耶夫所讲述的那样。

　　在这篇文章中，托尔斯泰指出，废除农奴制并没有废止奴役制度，它只是改变了从前的形式，成为一种无归属的奴役制度。新的奴隶们不属于工厂主个人所有，而是所有工厂主都肆无忌惮地欺辱、嘲弄他们。对工厂主来说，最值钱的是牲畜，而不是人。他们爱惜自己的马匹，限制它的负重量，担心它过早累死；可对工人，他们却迫使其一刻不停地工作36个小时。

　　托尔斯泰狠狠地鞭挞了暴力者和强盗的政府，鞭挞了官方教会，并且毫不掩饰地说：

　　"只有消灭政府，才能把人们从奴隶制度下解救出来。"

　　大多数人对托尔斯泰的宗教观点都是一副漠不关心的态度，他们不理解，也不能理解。但是，托尔斯泰真诚和激烈地反抗压迫的愤慨却感染了普通大众，令他们也开始仇视起现存的恶劣制度来。

<h1 style="text-align:center">（三）</h1>

　　由于托尔斯泰在《复活》《我们时代的奴役》等一系列作品中对专

制政权和它的精神支柱——东正教会进行了无情的揭露和鞭挞，他预感到反动政府是不会轻易放过他的。他对一个朋友说：

"我感到惊奇，为什么他们还不把我关到什么地方去？"

这话刚说完不到半年，东正教就对他发难了。

其实，当《复活》问世以来，反动分子、黑暗势力和僧侣们的愤怒和不满就已经达到了无法形容的地步。只是由于托尔斯泰的声望太高，他们不敢采取贸然的行动。

当《我们时代的奴役》在英国发表后，这些反动势力和东正教会忍无可忍了。1901年2月24日，俄国教会的最高机关——东正教事务总管理局公布了一项关于革除托尔斯泰教籍的决定。决定中说：

在我们的时代，上帝降下天灾，出现了一个虚伪的导师列夫·托尔斯泰伯爵。这个全世界著名的作家，出身为俄罗斯人，按其所受教育与洗礼的方式应为东正教徒。列夫·托尔斯泰伯爵在其智慧和自负的诱惑下，傲慢地反对我主耶稣及其神圣教义，在众目睽睽之下，公开抛弃抚育并教育他的东正教母教会，把他的文字活动和上帝赋予他的天才用于在民众中散布反基督和反教会的学说，在世人的头脑和心灵中破坏对祖国与教会的信仰，而此信仰业已确立全宇宙之和谐，我辈祖先赖以信仰以为生而得救，神圣的俄罗斯赖此信仰至今仍然以屹立于寰宇而坚不可摧。

在以相当长的篇幅列举了托尔斯泰的异端学说后，公告接着说：

"在他忏悔并恢复与教会的交流之前，教会不承认、也不能承认他为教会的成员。"

以圣彼得堡总主教安东尼为首的7个主教，都在这篇文告上签了字。根据这一裁决，所有俄罗斯教堂的神父都必须每年在一个星期日做礼拜时，郑重其事地诅咒"邪教徒和叛教分子"托尔斯泰。

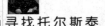
　　这些反动分子在等待托尔斯泰承认自己的错误，然而他们打错了算盘。在写给总管理局的信中，托尔斯泰再一次论证了自己的观点，指出了教会和僧侣的可耻作用。

　　与此同时，整个进步的社会都纷纷拥护托尔斯泰。为了表示对作家的声援，很多大学生和工人还在广场上进行抗议集会，抗议政府强迫参加学潮的学生去服兵役，抗议政府的腐败和教会的黑暗。

　　1901年的春天，在彼得堡的艺术展览会上，观众们更是在托尔斯泰的肖像前热烈欢呼。托尔斯泰也收到了成千上万封向他表示同情的书信和电报。

　　马利采夫玻璃厂的工人们还给托尔斯泰送来了一份礼物——一块刻有动人题词的绿色大玻璃，上面的题词写道：

　　　　您也遭到了许多走在时代前面的伟大人物的同样命运，最尊敬的列夫·尼古拉耶维奇！过去，他们死于火刑，长期被监禁在牢狱之中，或被流放。尽管伪善的最高主教费尽心机将您革除教门，但俄国人民始终将您当做自己伟大的、高尚的、可爱的人。

　　对于被革除教籍这件事，对托尔斯泰本人并没有产生什么影响。他还劝说那些向他表示同情和声援的人们，不要在当前普遍动乱的情况下做出什么过激的行为来。

　　但是，整个莫斯科，人们谈论的都是关于学潮和托尔斯泰被革除教籍的事，而几乎所有的老百姓都站在托尔斯泰的一边。索尼娅在日记中写道：

　　"连日来，我们家里一直有某种过节一般的情绪。访问的人络绎不绝，来了一群又一群……"

　　当局惊恐万状，这与他们最初期望的截然相反。因此，他们急忙下令禁止电报局接发同情托尔斯泰的电报，禁止报刊登载有关的消息

报道和声援托尔斯泰的文章，禁止图书馆出借托尔斯泰的任何著作。但事与愿违，公众们以嘲笑的态度对待此事，因此也陆续出现了许多讽刺当局和教会的手抄的或印刷的匿名诗，如《列夫与七只温顺的鸽子》《波别多诺斯采夫之梦》《狮子和驴子》等。

寓言《狮子和驴子》更是将教会头目比作驴子，而用与列夫谐音的狮子来赞美托尔斯泰。它是这样开头的：

"有个国家，那里驴子当权，出现了一头狮子……"

1901年5月，托尔斯泰的孩子们都已完成学业，托尔斯泰决定结束近20年来断断续续的莫斯科生活。5月8日，托尔斯泰全家返回亚斯纳亚·波良纳。许多人都拥向车站，为托尔斯泰送行，并向他致敬。

第十九章　孤独的斗士

如果学生在学校里学习的结果是使自己什么也不会创造，那他的一生永远是模仿和抄袭。

——托尔斯泰

（一）

1901年夏天，托尔斯泰经常生病，身体日渐衰弱。6月末，他又患上了恶性疟疾，发烧不止，心律不齐，几乎不能说话，病情一度非常危急。

托尔斯泰患病的消息让沙俄当局暗自窃喜，他们认为他已经"处于弥留之际"，于是匆忙通令各地行政长官和警察局局长，"严禁在托尔斯泰去世时出现任何示威性演说、活动和游行"。

可这次，他们又失算了。10多天后，托尔斯泰的病情逐渐有了好转。

根据医生的建议，托尔斯泰于9月初动身前往南方克里米亚疗养。一路上，托尔斯泰都受到了群众自发组织的欢迎，"人群就像海潮一样汹涌着，向托尔斯泰乘坐的列车挤过来，并纷纷摘下帽子，呼喊着'托尔斯泰万岁'等口号"。托尔斯泰流着泪，站在窗口，向群众频频挥手致意。

在克里米亚，托尔斯泰的生活很有规律，但病情却出现了几次反复。最严重的一次发生在1902年初，他得了卡他性肺炎。

但即便在患病期间，托尔斯泰仍然十分关注国内的社会生活。他从报纸上获悉工人群众的各种罢工情况，特别让他注目的是顿河罗斯托夫工人的大罢工。1902年5月，在这件事的影响下，托尔斯泰开始撰写《致工人群众》一文。他写作热情高涨，从克里米亚回到亚斯纳亚·波良纳后不久，这篇文章就脱稿了。

1904年4月初，在基什尼奥夫等地发生了迫害甚至杀戮犹太人的暴行，托尔斯泰闻知后十分气愤。他在回复犹太作家肖罗姆·阿莱汉姆的信中表示，愿意为资助那些受迫害的犹太人而编写的文集写点东西。8月20日，托尔斯泰为此创作了短篇小说《舞会之后》。

《舞会之后》是托尔斯泰晚年时期的一部炉火纯青之作。在这篇小说中，他将自己的全部愤怒和蔑视都集中在那些油头粉面、修饰入时、老奸巨猾的军事指挥官身上。

这一年，托尔斯泰还完成了中篇小说《哈泽·穆拉特》，这也是托尔斯泰在最后10年所写的艺术成就最高的一部作品。这部作品从1896年夏天就开始写，一直断断续续地进行，直到1904年才基本完成。

尽管这部作品是托尔斯泰在垂暮之年所写，但小说中的各种事件都描绘得具有非凡的艺术魅力和绝妙的诗意。然而，托尔斯泰仍觉得不够满意，并一直将这部小说当成他未完成的作品，希望在适当的时候对其进行修改。直到自己生命的最后几天，他也从未中断过对这部小说的写作。

《哈泽·穆拉特》虽然篇幅不长，但内容十分丰富，对生活体会深刻，人物形象也栩栩如生，结构匀称而和谐，是一部相当完美的作品。高尔基在评价这部小说时说：

"难道还能把《哈泽·穆拉特》写得比现在更好吗？我们觉得——不可能，但托尔斯泰却觉得——可能。"

1912年，在托尔斯泰逝世后，中篇小说《哈泽·穆拉特》经过书刊检查机关的大量删节后首次发表。直到1918年，伟大的十月社会主义革命胜利后，小说的全文才得以问世。

（二）

在1904年时，托尔斯泰又失去了两位亲人。这年的3月，与他有半个世纪亲密交往的亚历山德拉去世了，这让托尔斯泰很难过。托尔斯泰晚年在重读与亚历山德拉的通信集时，曾这样说过：

"当我回顾自己那漫长、阴暗的生活时，对亚历山德拉的回忆就是一线明亮的光。"

8月底，他的二哥谢尔盖也去世了。谢尔盖在病重期间，托尔斯泰经常去看望他。在他弥留之际，托尔斯泰也一直守候在他的身边。

这一年，为争夺朝鲜和中国的东北，俄国与日本之间爆发了战争，托尔斯泰为人民将在这场战争中遭受的新的灾难深感不安。他在答美国费城《北美日报》关于支持何方的电讯时说：

"我既不支持俄国，也不支持日本，而是支持两国的劳动人民。这些人民为政府所蒙骗，背离自己的幸福、良心和宗教信仰，被迫去战场上作战。"

1905年5月，俄国舰队在对马海战中全军覆没。消息传来，托尔斯泰在日记中写下了自己的痛苦感受：

"可怕！真可怕！今天和昨天，我都为那些不幸者哭泣。"

他还撰写了一篇名为《清醒清醒吧！》的文章，在其中无所畏惧地写道：

总有一天，受蒙骗的人们会清醒过来，并且说：你们这些残忍和肆无忌惮的沙皇、日本天皇、大臣、主教、神父、将军、总编、

151

妤商，以及诸如此类的人物，在枪林弹雨中行走吧。我们不愿意也不去赴死。给我们安宁，让我们耕地、播种、建设……

　　这场战争之后，俄国内部爆发了革命，工人阶级和农民纷纷起来同自己世世代代的敌人——资本家和地主作斗争，城市里爆发了大规模的群众性罢工，农村里农民焚烧了地主的庄园。

　　对于这场革命，托尔斯泰的态度是矛盾的。他欢迎革命，希望能消灭剥削者的暴力，但他又反对用暴力推翻资本家和地主，反对用暴力消灭私有制。托尔斯泰向统治阶级呼吁，号召他们自愿放弃自己的土地、自己的财富，将它们分给劳苦的人民，不去迫害进行反政府行动的人们。

　　他认为，武装起义和政治斗争不能使人民摆脱沙皇的压迫。只有不参加这种斗争和远离政治，才能从沙皇的枷锁中解放出来。全国人民只要不服从、不遵从政府的法律，即消极地反抗，就可以消灭沙皇及其政府的统治。

　　然而，托尔斯泰又欢迎革命。他说：

　　"事件的进展异常迅速而又有规律。对目前发生的情况不满意，就像对秋天和冬天不满意一样，而又不考虑春天正是经过秋天和冬天才降临的。"

　　列宁更是称托尔斯泰为俄国1905年革命的一面镜子。他说：

　　"作为俄国千百万农民在俄国资产阶级革命快来时的思想和情绪的表现者，托尔斯泰是伟大的。托尔斯泰富于独创性，因为他的全部观点，总的来说，恰恰表现了我国革命的特点。从这个角度来看，托尔斯泰观点中的矛盾，的确是一面反映农民在我国革命中的历史活动所处的各种矛盾状况的镜子。"

（三）

在亚斯纳亚·波良纳，托尔斯泰与妻子索尼娅之间因农民私砍树木而坐牢一事发生的冲突不止一次。1906年夏天，托尔斯泰与索尼娅的关系再度变得紧张起来。事情的起因仍然是农民私砍树木，结果被管家当场逮住。索尼娅知道后非常生气，遂向法院告发，农民被判入狱。这再次令托尔斯泰感到痛苦，离家出走的问题也再次提到他的面前。他觉得自己没有再在亚斯纳亚·波良纳住下去的道义上的权力了，因为妻子的行径，正是在他的名义下做出来的。

在5月22日的日记中，托尔斯泰写道：

"近来，真理对人不起作用这一点有时令我隐隐地感到绝望。特别是在家里，今天所有的儿子都在，我特别难过。使我感到难过的是，这表面上的亲近和精神上的极端疏远太不自然。有时，例如今天，我很想逃跑、失踪。"

然而，托尔斯泰又痛苦地意识到，不论他逃到哪里，几天后，索尼娅准会带着仆人和医生再次出现在他的面前，"一切全都照旧"。

在家中，只有次女玛莎与托尔斯泰在精神和气质方面最为接近，对他的帮助也最大。托尔斯泰经常在书信和日记中提到，"玛莎是我在家中最大的安慰"，"只有在面对玛莎时，我才感到心情舒畅"，"她是我的亲人中让我最感到亲近的"，等等。

然而1906年的深秋季节，玛莎病倒了，医生诊断她患上了肺炎。她不停地咳嗽，高烧不止。几天下来，玛莎被折磨得已经没有人形了。

看着爱女一步步走向死亡，托尔斯泰自己对死亡的理解似乎更深了一层。他在日记中写道：

虽然她是我的亲人中我最亲近的朋友，但是，从我一己的观点看来，她的死并不可怕，也不可惜，因为在她死后我也不会活多久了，我只是单纯地、不假思索地可怜她，为她感到痛苦。很可能，由于她年轻，她还想活下去，我可怜她和亲人们所受的痛苦。用医疗的方法企图延长她的生命的这一切枉费心机的努力，我觉得实在是可怜的、令人不愉快的。

近来，对我来说，死亡变得越来越接近了，不可怕了，自然而然了。死亡是必须的，跟生命并不敌对，而是跟生命紧密相连，是生命的继续。因此，跟死亡斗争只是动物的本能，而绝不是理智的行动。

1906年11月，年仅36岁的玛莎离开了人世。在临死前，玛莎很安详，神志也完全清醒。玛莎去世后，托尔斯泰深感孤独。在玛莎生命的最后几年，她一直都在给农民的孩子上课。为了不让女儿为农民孩子办学的工作中断，年近八旬的托尔斯泰在1907年再次为办学投入了大量的精力。他给学习班上的孩子们讲故事和传奇，谈人生和义务。1908年，根据在学习班上所讲授的内容，托尔斯泰还编写了《耶稣的教导》这本书。

1905年革命被镇压后，沙皇政府继续采取高压政策，俄国进入一个残酷和黑暗的历史时期，大批革命者和反抗压迫、争取生存权利的农民被处以绞刑。眼看报纸上这方面的报道一天天多起来，托尔斯泰感到很痛苦。他既同情那些被处决者，也可怜那些处决者。在此期间，托尔斯泰先后写下了《致政府革命家和民众》《论俄国革命的意义》《究竟怎么办》《不许杀任何人》等一系列文章，在反复阐述自己见解的同时，猛烈地抨击当局镇压人民的暴行。

1908年5月7日，一个名叫莫洛奇尼克夫的青年因传播托尔斯泰的文章而被判了刑。托尔斯泰获悉后，感到"很烦恼"。他说：

"我80岁了，听到这个判决的消息依然怒火中烧，何况是其他的年轻人呢！他们又怎能不当革命者？"

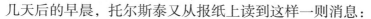

几天后的早晨，托尔斯泰又从报纸上读到这样一则消息：

"今天，在赫尔松的斯特列利比茨基野地，20名农民因抢劫伊丽莎白格勒县的地主庄园而被处以绞刑。"

这消息立刻让托尔斯泰激动得不能自控。他大声说：

"不，这不行！不能这样生活！……不能！不能！每天都有这么多的死刑判决，这么多的处决，今天5个，明天7个，今天20个庄稼人被绞死，20个人死亡……"

悲愤令托尔斯泰说不下去了，他立即动笔写了起来，几天后便又完成了一篇长篇政论性文章——《我不能沉默》。

在这篇文章中，托尔斯泰将批判的锋芒直指最高当局：

你们大家，从法庭书记到首席大臣和沙皇，每天发生暴行的间接参与者，你们仿佛不感到自己有罪，也不觉得可耻，而参与制造恐怖应当让你们感到可耻。不错，你们也害怕人民，像那些刽子手一样。你们对罪行的责任越大，就越害怕得厉害：检察官比书记怕得厉害，法庭庭长比检察官怕得厉害，省长比庭长怕得厉害，总理大臣怕得更厉害，而沙皇比任何人都怕得厉害！

在揭露这些人的恶行之后，托尔斯泰还表达了自己不惜上绞刑架的决心。当局自然会严厉查禁这类文章，但它却通过地下印刷所迅速传遍整个俄国，欧洲各国的报刊也纷纷刊登了这篇文章。

第二十章　痛苦而无奈的晚年

不应是为了自己的需要，而应是为了真理而活着。

——托尔斯泰

（一）

1908年8月28日是托尔斯泰80岁寿辰的喜庆日。在这年年初，人们就提出为他祝寿的问题，彼得堡甚至还成立了由一些著名教授、作家、社会活动家组成的庆典委员会，成员包括托尔斯泰的朋友列兵、柯罗连科和斯塔霍维奇等人。

尽管托尔斯泰不希望人们为他操办什么庆祝活动，但全俄国、乃至全世界敬仰托尔斯泰的人们都在这一天由衷地为他祝福。

这一天，亚斯纳亚·波良纳庄园格外热闹，一派节日气氛。来的人很多，其中有许多记者，还包括一位电影摄影师。英国不列颠博物馆的馆长赖特也来了，还一起带来了由萧伯纳、威尔斯、欧文等800多位英国著名作家、艺术家和社会活动家签名的致敬信。

与此同时，全国各地的贺电和贺信也雪片似地飞来。

莫斯科艺术剧院的贺电称：

"如同条条大路通罗马一样，当代条条艺术大道通向您的名字。"

设在瑞士洛桑的国际救助失业工人委员会的贺电说：

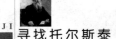

"请接受我们诚挚的祝福，因为我们得到了您的天才赐予我们心灵和头脑的无数财富。您的一切都献给了全人类。"

……

与人民的祝愿相反，当局和教会则对托尔斯泰恨之入骨。他们早早就下达了禁止为托尔斯泰举行任何庆典活动的命令。同时，东正教最高议会又号召教徒"抵制列·尼·托尔斯泰的庆典"，因为"他是东正教的顽固敌人"。

然而，这一切不仅不能损坏托尔斯泰在人民心目中的崇高威望，还进一步暴露了统治者的懦弱和无耻。不久之后发生在莫斯科火车站前的一幕，就是这一点的最好佐证。

1908年初秋，托尔斯泰到莫斯科郊外的切尔特科夫的寓所小住。这时，切尔特科夫已经结束了在国外的流放生活，返回国内。这次莫斯科之行是托尔斯泰自1901年以来的第一次，也是最后一次。

9月19日，他离开莫斯科返回亚斯纳亚·波良纳，报纸报导了这则消息，于是这一天，莫斯科许多市民都自发地前往火车站为他送行。

当托尔斯泰一行来到库尔斯克车站广场时，那里已经是人山人海了。马车刚一进入广场，人群便爆发出一阵热情洋溢的欢呼声。马车在靠近车站的地方停下，托尔斯泰走下车来。这时，人群中所有的人如同一个人一样，全都脱下帽子……人群移动着、喧闹着，就像波涛的大海一般，欢呼声更是响成一片：

"列夫·尼古拉耶维奇万岁！"

"光荣属于托尔斯泰！"

"伟大的战士万岁！"

……

人群中各式各样的人都有，但大部分是年轻人，其中主要是大学生。他们都纷纷涌向托尔斯泰，想一睹心目中偶像的风采。人们互相拥挤着，让随行的托尔斯泰的小女儿萨沙和秘书很担心——他如何穿

过这密密匝匝的人群呢?

忽然,一个青年男子有力的声音喊道:

"大家拉起手来! 拉起手来!"

立刻,人群就像是被一种魔力指挥着一般,在托尔斯泰面前的群众都向一边闪开,在一刹那间,从托尔斯泰身旁到车站站台上就闪出了一条狭长的通道,人们都自发地站立在通道的两旁,手拉着手。

托尔斯泰进入车厢,在窗口前停下脚步。喧哗声和欢呼声响彻云霄,无数双手在用力地向他挥舞着。托尔斯泰摘下帽子,神情专注地向四下行礼。然后,他用一种坚定的声音说道:

"谢谢! 这真让我感到意外的高兴,我实在没有料到大家对我这样同情……谢谢你们!"

在万众欢腾之中,列出徐徐启动了,而人群又跟着向前涌去。他们似乎被一种自发的情感支配着,着魔一样紧追着列车不放……这真是一个罕见的感人场面。

(二)

1909年7月,托尔斯泰收到了去斯德哥尔摩参加第18届和平大会的请柬。托尔斯泰认为,只有他能够说出赤裸裸的真理,议论战争之不能容忍和号召全面裁军,也只有他一个人的话才会被人们听取。因此,参加和平大会是他的责任。

然而,当他将这件事告诉妻子索尼娅后,索尼娅却坚决反对,称此行对他的健康是有害的。为了制止托尔斯泰此次旅行,她使出各种手段,甚至以自杀相逼。最终托尔斯泰只好让步。在以后几天的日记中,托尔斯泰写道:

"当我躺下经过静心思考后,我决定不走了。我当即把自己的想法

告诉了她。她很可怜，我真诚地怜悯她。"

也是从这个时候开始，索尼娅开始了与切尔特科夫争夺托尔斯泰文学遗产的斗争。在1909年秋，托尔斯泰立下一份遗嘱。在这份遗嘱中，托尔斯泰放弃了他1881年以后所写的作品的版权，允许一切愿意出版这些书的人自由出版，并将审定权交给了切尔特科夫。但在向法律界人士咨询时，一位法学家指出，这样的遗嘱无法执行，因为法律要求指定继承人。于是这件事就暂时搁下了。

1910年7月，索尼娅与切尔特科夫为由谁保管托尔斯泰1900年以后的日记一事发生激烈冲突。索尼娅要求将所有的日记都交给她保管，并要求托尔斯泰不再与切尔特科夫来往。

为安慰妻子，托尔斯泰将原由切尔特科夫保管的那部分日记存入了银行，并暂时不与切尔特科夫见面。托尔斯泰还在7月14日写了一封长信给索尼娅。信中写道：

　　……尽管有各种促使我们关系冷漠的原因，但我仍然像年轻时一样爱你，而使我们的关系冷淡的原因是：

　　第一，我对尘世生活越来越失去兴趣，越来越感到厌烦，而你不愿意，也不能抛弃这一切，因为你的内心没有产生这些信念的基础。这是很自然的，我不能因此而怪你。

　　第二，近几年你的性格变得越来越易怒、专横和不能自控。这些性格表现虽然不能使感情本身变得冷漠，但却使感情的表达变得冷酷。

　　第三，主要的原因是……我们对生活的意义和目的有着完全不同的理解。……我认为财产是罪恶的，而你认为那是生活的必然条件。为了不离弃你，我在生活方式上只好屈从于对我来说是非常难以忍受的生活条件，而你却把这看做是我对你的观点的认同。因此，我们之间的误会越来越多。

第四，如果我和切尔特科夫的关系让你感到难过，那么我准备不和他见面。

第五，如果你不接受我这些为建立良好安宁生活所必需的条件，那我就收回我不离开你的诺言。我要离开这里……因为我无法再这样生活下去。

7月22日，托尔斯泰在距离亚斯纳亚·波良纳3俄里的格鲁蒙特树林中，秘密立下了一份具有法律效力的遗嘱。根据这份遗嘱，托尔斯泰全部著作的继承人是他的小女儿萨沙。如果萨沙去世了，就由长女塔基亚娜继承。她们将执行托尔斯泰的遗愿，不将这些著作变成私有财产，它们的版权归全民所有；托尔斯泰的全部手稿继承人是切尔特科夫，他将负责在托尔斯泰去世后审阅这些手稿，并酌情出版，但不能抱有个人的物质目的。

托尔斯泰在这份遗嘱上签了名，证人特尔等为泽尔、谢尔盖延科等也签了字。不过，这份秘密立下的遗嘱却为后来更大的风波埋下了伏笔。

（三）

尽管托尔斯泰的遗嘱是秘密立下的，但索尼娅还是很快就知道了。她认为，交出文学遗产只会肥了那些出版社，而他们一家人将陷入贫困的境地。为此，索尼娅开始与托尔斯泰进行无休止的争吵，还请来神父为驱逐切尔特科夫的幽灵而祈祷。

托尔斯泰的生活再次失去了平静，这使他在精神和肉体上都痛苦到了极点。而与此同时，女儿萨沙和切尔特科夫还在鼓励他与索尼娅继续斗争。托尔斯泰不愿意这样做，他被这一切弄得筋疲力尽，感到自己已经被"撕成了两半"。

大女儿塔基亚娜心疼父亲，便极力想缓和这种局面。她认为，既然母亲怨恨的主要原因与切尔特科夫有关，那么托尔斯泰若能与切尔特科夫分开一段时间，气氛也许就能缓和下来。于是，她给切尔特科夫写信暗示了这一想法，但切尔特科夫拒绝接受这一建议。

8月中旬，托尔斯泰乘火车到塔基亚娜的庄园中住了一个多月，过了一段相对平静的生活。9月下旬，他返回亚斯纳亚·波良纳庄园。

9月23日，是托尔斯泰与索尼娅结婚48周年的纪念日，两人合影留念。然而，这件事却引起了小女儿萨沙的不满，认为这是父亲向母亲作出的让步。同时托尔斯泰也发现，他藏在靴筒里的那本从7月底开始另记的私人日记不见了，显然这是索尼娅所为。

10月初，紧张而不得安宁的生活令托尔斯泰突然病倒，并昏厥过去。虽然第二天病情有所好转，但身体仍很虚弱。然而，家庭的争吵仍在继续，这个局面让病痛中的托尔斯泰更加难以忍受。

10月24日，托尔斯泰写信给图拉省波洛夫科沃村的农民诺维科夫，请求他为自己寻找"一个哪怕最小，但却是单独的、暖和的小农舍"，因为他"可能在很短一段时间内要到那里住一住"。

10月26日，托尔斯泰又到自己的忠实信徒施密特老太太那里去了一趟，大概是与她告别的。在这一天的日记中，他写道：

"一切如常，只是愈来愈感到内疚和需要采取行动。"

直到这时，托尔斯泰对妻子的怜悯仍让他下定不了出走的决心。

10月27日晚上12点半左右，托尔斯泰在读完书后走进卧室休息。迷迷糊糊睡了两个小时，托尔斯泰忽然听到书房里有蹑手蹑脚的开门声和脚步声。

托尔斯泰悄悄起身，透过门缝，看到书房里有灯光，妻子索尼娅正在里面沙沙地翻检着纸张。托尔斯泰知道，索尼娅在找他的遗嘱。

过了一阵，索尼娅悄悄地离开了托尔斯泰的书房。然而，托尔斯泰却对妻子的这种做法产生了无法抑制的"憎恨和愤怒"。他在床上翻

来覆去一个多小时都无法入睡，便点起蜡烛，坐了起来。

这时，索尼娅推门进来了，若无其事地问托尔斯泰起身的原因和身体状况，然后离开了。愤怒越来越强烈地控制了托尔斯泰，他终于做出了出走的最后决定，并给索尼娅写了这样一封信：

我的出走定会使你伤心，为此我感到遗憾。不过，请你理解我、相信我，我没有其他的办法。我在家里的处境正在变得，其实已经变得无法忍受了。除了其他原因，我无法继续生活在曾经生活过的奢侈环境中，我所采取的是像我这样年纪的人通常都会采取的行动——离开尘世生活，在孤寂中度过余生。

请你理解这一点，即使得知我在哪里也别来找我。你的到来只会恶化你和我的处境，但不会改变我的决定。

感谢你和我在一起度过的48年的忠诚生活，并请原谅我做的一切对不起你的事情，就像我也由衷地原谅你可能对不起我的一切地方一样……

写完信后，托尔斯泰轻轻走下楼梯，敲开医生马科维茨基的门，又叫醒了女儿萨沙。他们匆忙收拾了一些必需的衣物、书籍和手稿，既想快点收拾，又担心惊醒索尼娅后走不成，以致紧张的手都发抖了。

此时已经是11月28日凌晨5点了，托尔斯泰走出房间，去马房叫醒人套车。外面一片漆黑，正下着小雨，凉气袭人。在去找马车夫的途中，托尔斯泰还迷了路，撞到一棵树上，帽子也弄丢了。他只好返回家中，又戴上一顶帽子，与医生马科维茨基一起出门去找马车夫。车夫起来后，立即套上了双马的四轮轻便马车。

终于，一切准备就绪了，托尔斯泰与马科维茨基医生一起登上马车，马车很快便驶出了亚斯纳亚·波良纳庄园。这时，托尔斯泰才放松下来，觉得自己安全了，索尼娅再也追不上他了。他高兴地对医生

说，他觉得非常舒服。很快，托尔斯泰就在马车里睡着了。

到了戈尔巴切夫车站后，托尔斯泰与马科维茨基又乘坐火车，晚上8点来到了奥普京修道院。

（四）

托尔斯泰离开的时候，索尼娅还在睡梦中。由于前一天晚上睡得很晚，她一直睡到上午11点才起床。而此时，托尔斯泰离家出走的消息几乎传遍了全家。她接过萨沙递过来的托尔斯泰留下的信，气得浑身颤抖。没等读完，她就扔下信冲出门外，直奔池塘并跳入水中，幸亏人们及时将她救了上来。

10月29日一早，谢尔盖延科来到奥普京修道院的客栈，向托尔斯泰汇报了他妻子的情况，托尔斯泰的心情很沉重。但在这种情况下，他仍然坚持工作，并口授了最后一篇论文《有效的手段》，还拟定了4个文学题材，打算将"非常想写的文学作品写出来"。

10月30日，小女儿萨沙来到奥普京修道院，见到托尔斯泰，并带来了索尼娅等人劝他回家的一叠信件，并说家里人很可能随时都来到这里。

当晚，托尔斯泰给妻子写了一封回信，这也是他给妻子的最后一封信。在信中，托尔斯泰再次阐明了他不回去的原因。

10月31日凌晨4点，托尔斯泰又匆匆骑马出发了。早晨7点多，他坐上了开往南方的火车。当时他的去向还不明确，准备先到诺沃奇卡斯柯城的一个朋友家后再作打算。

在火车上，托尔斯泰感到身体不适。几天来的情绪激动、劳累和奔波，让这位82岁老人的健康受到了极大的影响。

下午4点多，托尔斯泰开始浑身发冷，并伴有高烧。晚上6点左右，火车停在梁赞省的一个偏僻小站阿斯塔波沃，托尔斯泰一行不得不中途下车。站长奥佐林立即让出家里的两间住房，让托尔斯泰安顿下来。

看到随行小女儿萨沙的忧郁表情，托尔斯泰半开玩笑地安慰她说：

"好啦，这下将死了……别烦恼。"

经过医生的诊断，托尔斯泰患上了肺炎。

作家出走并患病的消息很快就传开了，小小的阿斯塔波沃车站成为俄国和全世界各国成千上万进步人士注目的中心，各行各业的人们和许多记者都跑来车站，许多大学生也来到这里探望托尔斯泰。

11月1日，托尔斯泰给长子谢尔盖和长女塔吉亚娜写了最后一封信。信中写道：

"我近40年来所献身的那个事业……对所有的人，其中包括你们，都是极端重要的。感谢你们对我这样好。……别了，要好好安慰母亲。对她，我怀着最真诚的同情和爱。"

次日，托尔斯泰的病情开始恶化，萨沙给大哥谢尔盖拍了电报，要求他和姐姐塔基亚娜火速赶来；并表示，父亲很担心其他人来。

11月3日，在报纸上得知托尔斯泰的确切情况后，索尼娅和几个子女都赶到了阿斯塔波沃。为了避免托尔斯泰激动，医生建议只让谢尔盖和塔基亚娜去见他。

托尔斯泰又见到了两个孩子，很高兴，他一再询问妻子索尼娅的情况。等在外面的索尼娅忧心如焚，但她只能一连几个小时地站在托尔斯泰卧病的那栋小房子的窗外守望。

从那天夜里，托尔斯泰就进入了昏迷状态。

11月6日晚，托尔斯泰突然精神振奋起来，并坐起来。弥留之际，他将儿子谢尔盖叫道跟前，用微弱的声音说出最后几句话：

"谢尔盖，我爱真理……非常地……爱真理。"

7日凌晨5点，索尼娅被允许进去看望已失去知觉的托尔斯泰。她俯身向丈夫作别，并温存地请他原谅自己。然而，托尔斯泰能够回答她的，只有几声长叹。

　　1910年11月7日清晨6点零5分，一代文豪托尔斯泰在梁赞省一个三等小站站长的一间小屋子里，在那个成为他临时避难所的小屋子里，安详地、宁静地走完了自己的一生。

　　11月9日清晨，托尔斯泰的灵柩被运回亚斯纳亚·波良纳。当天下午，遵照托尔斯泰的意愿，他被安葬在扎卡斯峡谷的那片橡树林中。这里是托尔斯泰兄弟儿时玩耍过的地方，大哥尼古拉曾在那里埋下了一根小绿棍，上面写着托尔斯泰整整一生都在探索和试图揭开的秘密……

托尔斯泰生平大事年表

1828年8月28日　列夫·尼古拉耶维奇·托尔斯泰出生于俄国亚斯纳亚·波良纳庄园内。

1830年　母亲玛莉亚·尼古拉耶夫娜去世。

1836年　托尔斯泰全家从波良纳迁往莫斯科。

1837年　父亲尼古拉突然发病去世。

1840年　监护人阿玲姑妈去世，迁往喀山的新监护人比拉盖亚姑妈处。

1844年　被录取为喀山大学东方语言系学生。

1845年　转到喀山大学法律系。

1847年　主动要求退学，返回亚斯纳亚·波良纳庄园，在自己领地上作改革农奴制的尝试。

1848年　住在莫斯科，过着懒散的生活。

1849年　住在彼得堡，参加了法学候补学位考试。

1851年　与长兄尼古拉一起前往高加索军队服役，并开始《童年》的构思。

1852年　小说《童年》发表。

1854年　加入驻布加勒斯特的军队，参加克里米亚战争。小说《少年》发表。

1855年　回到彼得堡，与屠格涅夫、涅克拉索夫等人相识。

1856年　《两个骠骑兵》《一个地主的早晨》发表。

1857年　中篇小说《青年》发表。短篇小说《琉森》发表。第一次出国游历。

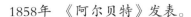
1858年 《阿尔贝特》发表。

1859年 《三死》《家庭幸福》等作品发表。冬季，在亚斯纳亚·波良纳创办农民学校。

1860年 第二次出国游历。

1861年 回到彼得堡，被任命为克拉皮文县"和平调解人"。

1862年 与索尼娅·贝尔斯结婚。

1863年 中篇小说《哥萨克》发表。长子谢尔盖出生。开始创作《战争与和平》。

1864年 长女塔基亚娜出生。

1865年 《战争与和平》第一部发表。

1866年 次子伊利亚出生。《战争与和平》第二部发表。

1867年 《战争与和平》前三部出版。

1869年 三子列夫出生。《战争与和平》竣稿。

1870年 《安娜·卡列尼娜》构思产生。

1871年 次女玛莎出生。

1872年 儿子彼得出生。

1873年 开始创作《安娜·卡列尼娜》。小儿子彼得病逝。

1875年 《安娜·卡列尼娜》前几部发表。

1877年 《安娜·卡列尼娜》最后一部以单行本方式发表。

1878年 开始写《忏悔录》。

1881年 全家迁居莫斯科。

1883年 将全部财产权移交给妻子索尼娅。

1884年 成立媒介出版社。

1885年 成为素食主义者，并放弃打猎和烟酒。

1886年 完成《黑暗的势力》。

1889年 完成《克莱采奏鸣曲》。

1891年 放弃1881年以后所写作品的版权。前往灾区赈灾。

1893年　完成《天国在你们心中》。

1895年　完成《主人与仆人》。

1898年　开始创作《复活》。

1899年　《复活》陆续刊出。

1900年　创作了剧本《活尸》。

1901年　被革除教籍。患病，前往克里米亚疗养。

1903年　写完《舞会之后》。

1906年　次女玛莎病逝。

1910年　立下遗嘱，离家出走。11月7日，托尔斯泰在阿斯塔波沃车站病逝，享年82岁。